Anna Amaryllis

Die Weiße Bruderschaft

Freunde im Licht

Bitte fordern Sie unser kostenloses Verlagsverzeichnis an:

Smaragd Verlag
In der Steubach 1
57614 Woldert (Ww.)
Tel.: 02684.978808
Fax: 02684.978805
E-Mail: info@smaragd-verlag.de
www.smaragd-verlag.de

Oder besuchen Sie uns im Internet unter der obigen Adresse.

© Smaragd Verlag, 57614 Woldert (Ww.)
Deutsche Erstausgabe August 1996
Fünfte, überarbeitete Auflage Januar 2006
Umschlaggestaltung: preData
Satz: G. Heuchemer, Smaragd Verlag
Printed in Czech Republic
ISBN 3-926374-52-7

Anna Amaryllis

Die Weiße Bruderschaft

Freunde im Licht

Smaragd Verlag

Dieses Buch ist meinen Eltern und Geschwistern, Viola, Georg, Claudia, Beate und Mike gewidmet.

Inhaltsverzeichnis

Vorwort

Ausgehend von der Überzeugung, dass es bei all den Unterschieden in religiösen und esoterischen Systemen einen gemeinsamen Brennpunkt geben muss, sozusagen eine gemeinsame Quelle, aus der jedes innere Wissen geschöpft wird, habe ich mich bemüht, diese gemeinsame Schnittstelle ausfindig zu machen. Die Schnittmenge hat für mich die Form eines Kristalls angenommen, der viele verschiedene schillernde Farben auf seiner Oberfläche hat, die alle von einem inneren Kern aus auf die Oberfläche projiziert werden. Diese vieldimensionale Figur in Worten einfangen zu wollen, sie in eine lineare Struktur zu bringen, ist nur als Annäherung möglich.

Je mehr ich mich mit all dem auseinandergesetzt habe, um so klarer wurde mir die Bedeutung des Satzes: „Ich weiß, dass ich nichts weiß", denn mit jedem Knoten, der sich entwirrte, und mit jedem Gedankenpuzzle, das sich auf einmal zusammenfügen ließ, tauchten viele neue offene Fragen auf, die in noch weit tiefere Bereiche vordrangen. Somit möchte ich von Anfang an betonen, dass diese Schrift eine Zusammenstellung meiner persönlichen Erkenntnisse und Überzeugungen darstellt, die weder einen Anspruch auf Vollständigkeit noch auf Unfehlbarkeit erhebt. Da ich in meinem eigenen Leben die Kraft gespürt habe, die mir die innere Gewissheit über jene *Freunde im Licht* gibt, hoffe ich, mit dieser zwangsläufig begrenzten Darstellung etwas von dem Glanz ihres Daseins vermitteln zu können, einem Glanz, der auf das Leben eines jeden abstrahlt, der sich um eine Verbindung mit ihrem Sein bemüht.

Einführung

Leben ist eine multidimensionale Erscheinung, die sich in vielen verschiedenen Formen ausdrückt. Das Leben selbst ist unvergänglich und grenzenlos, doch die Formen seiner Erscheinung sind veränderbar und begrenzt. Der menschliche Körper ist nur eine dieser Formen, derer das Leben sich bedienen kann, um sich auszudrücken. Somit ist das Leben im Menschen unsterblich, auch wenn der menschliche Körper stirbt. Das Leben selbst ist göttlicher Natur und trägt in sich die Eigenschaften des göttlichen ALLES-WAS-IST. Was diese Eigenschaften sind, in denen das Göttliche sich ausdrückt, lässt sich durch Beobachtung der geschaffenen Formen erkennen. Dazu gehört vor allem das Erforschen der Lebensform Mensch, also die Selbsterkenntnis durch Kontemplation und ehrliche Selbstbeobachtung, denn der Mensch ist die Lebensform auf der physischen Ebene, die am meisten von diesen göttlichen Eigenschaften auszudrücken vermag („Und Gott schuf den Menschen nach seinem Ebenbild").

Alles Leben ist darauf ausgerichtet, sich zu erweitern, sich auszudehnen, vielfältiger zu sein. Deshalb wurde die Dualität geschaffen, um Leben in der ganzen Bandbreite zwischen den zwei Polen Plus und Minus erfahren zu können. Das Bewusstsein, das daraus erwächst, diese beiden Pole zu einer Synthese vereinigt zu haben, (symbolisiert in dem Yin/Yang-Zeichen), ist ein erweitertes, ein ausgedehntes. So, wie Menschen einen Abenteuerurlaub machen, um mit neuen Erfahrungen ihr Leben zu bereichern, so hat sich ein Teil des göttlichen ALLES-WAS-IST in das Abenteuer Dualität gestürzt, um sein Dasein zu bereichern. In dem Bereich der Dualität gibt es verschiedene Ebenen, auf denen sich das Leben in unterschiedlichen Formen äußern kann. Jede Ebene hat eine etwas andere Struktur, die das göttliche Leben in neuen Variationen widerspiegelt. Wie bei einem Computerspiel gibt es also mehrere Ebenen, jede ist etwas anders gestaltet und jede hat ihre eigenen Herausforderungen, die zu meistern sind, doch alle gehören zum selben Spiel. Und genauso wie es kaum möglich ist, ein Computerspiel beim ersten Versuch mit nur einem „Leben" zu schaffen, genauso ist es in unserem realen Spiel des Lebens nur schwer zu erreichen, alle Herausforderungen mit nur einem Leben zu bewältigen. Da der Sinn des Spieles aber darin liegt, am Ende alle Ebenen geschafft zu haben und durch alle gemeisterten Herausforderungen im Bewusstsein bereichert worden zu sein, sind die Spielregeln so gemacht, dass jeder so viele Leben (besser gesagt Körper) zur Verfügung bekommt, wie er halt braucht, um ans Ziel zu gelangen. Einige werden schneller vorwärts kommen als andere, weil sie die ungeschriebenen Regeln entdeckt haben, nach denen das Spiel aufgebaut ist. Sie haben durch Beobachtung die göttlichen Gesetze herausgefunden, nach denen sich das Leben ausrichtet, um dem göttlichen ALLES-WAS-IST eine Form geben zu können. Dadurch wird es ihnen möglich, die Herausforderungen leichter zu bestehen und auf die nächste Ebene zu gehen. Bei sehr komplexen Spielen, wie zum Beispiel den Fantasy-Rollenspielen, ist es üblich, einen Spielleiter einzusetzen, der sich mit allen Regeln genau auskennt und der den Verlauf des Spieles im Überblick behält. Spielleiter werden meist die, die schon lange ein Spiel spielen, also bereits eine Menge Erfahrungen gemacht haben. Im Spiel des göttlichen ALLES-WAS-IST gibt es dazu eine Entsprechung: Ein Wesen, das in früheren Runden das Spiel schon gemeistert hat und darum genau weiß, worauf es bei jeder Ebene ankommt, überwacht und beobachtet den Verlauf der Lebensentwicklung auf der Erde: der planetarische Logos.

Man kann sich leicht vorstellen, dass ein einziger Planet, auf dem dieses Spiel gespielt wird, etwas wenig ist angesichts der Größe des Kosmos. Und so hat ALLES-WAS-IST eine ganze Menge von Spielplänen über die Galaxien verteilt, sprich: es gibt viele Planeten, auf denen das Spiel der Dualität gespielt wird. Damit das Ganze nicht langweilig wird, gibt es leichte Variationen in der Ausstattung. Jeder dieser Planeten hat nun einen planetarischen Logos, der die Entwicklung auf dem ihm zugeordneten Planeten unterstützt. Für diese Aufgabe hat er sich durch die Meisterung der verschiedenen Ebenen zuvor qualifiziert. Da nicht jeder Planet zur gleichen Zeit das Spiel begonnen hat, ist der Durchschnitt der Bevölkerung auf jedem Planeten unterschiedlich weit fortgeschritten.

Nehmen wir an, ein Wesen hat durch Erkennen der Spielregeln und durch die Unterstützung seines planetarischen Spielleiters die Herausforderungen aller Spielebenen bewältigt. Er hat dann die Möglichkeit, ein spezielles Training zu absolvieren und selbst zum planetarischen Logos für einen anderen Planeten zu werden, der das Spiel gerade neu beginnt. Die Entwicklungsstufe des planetarischen Logos ist die höchste, die zurzeit innerhalb der Erdentwicklung möglich ist. Für eine Entwicklung, die darüber hinausgeht, stehen andere Spielformen des ALLES-WAS-IST zur Verfügung.

Um die Übersicht über die Entwicklung der einzelnen Planeten zu behalten und um die Spielleiter unterstützen zu können, bei denen Schwierigkeiten im planetarischen Entwicklungsverlauf auftreten, gibt es eine geordnete Struktur, die effektives Handeln und optimale Kommunikation erleichtert: die spirituelle Hierarchie. Auch wenn diese Organisationsform hierarchisch strukturiert ist, ist darunter kein diktatorisches System zu verstehen. Der freie Wille wird als wichtiges Gut hoch geachtet, und die Entscheidungsfreiheit des Einzelnen zu respektieren und zu schützen gehört mit zu den Eigenschaften, die man bei der Meisterung des Spiels erwirbt. Zur Organisation der spirituellen Hierarchie gehört eine Art Supervision des planetarischen Logos: Wesen, die sich in weiterführenden Spielen ausgebildet haben und so über ein noch erweitertes Bewusstsein verfügen, beobachten und unterstützen ihrerseits die Spielleiter und halten den Kontakt zur göttlichen Quelle ALLES-WAS-IST. Die Leitung einer planetaren Entwicklung zu übernehmen, bedeutet viel Verantwortung, und so ist es wirklich eine Erleichterung, an seiner Seite ein Wesen zu wissen, das durch noch größere Bewusstseinsentwicklung in der Lage ist, noch mehr Verantwortung zu übernehmen, und deshalb die Supervision innehat. Solch ein Wesen ist der Sonnenlogos, der für die Entwicklung unseres ganzen Sonnensystems zuständig ist. Daneben hat jeder planetarische Logos einen Stab von qualifizierten Mitarbeitern, die ebenfalls sehr weit fortgeschritten sind und unter der Führung des Spielleiters den letzten Schliff ihrer Ausbildung erhalten. Dieses Team ist unter dem Namen „Weiße Bruderschaft" bekannt, manchmal wird auch die Bezeichnung „Stille Bruderschaft" verwendet. Ihre Mitglieder unterstützen die Menschheit in ihrer Entwicklung und helfen, wo sie um ihren Beistand gebeten werden. Denn das Gesetz des freien Willens jedes Individuums ist eine wichtige Grundregel, und so wird sich kein leitendes Wesen in die direkten Angelegenheiten eines Individuums einmischen, wenn es nicht der Wunsch dieses Menschen ist.

Die Weiße Bruderschaft

Anders als auf der Erde ist im Kosmos kein Mogeln möglich, so dass nur Wesen für Positionen ausgesucht werden, die wirklich reif dafür sind. An der Struktur, den Farben und der Leuchtkraft der feineren Körper ist von den beobachtenden Wesen ohne jeden Zweifel auszumachen, auf welchem Bewusstseinsstand ein Individuum sich befindet, welche Schwächen es noch hat, und welche Talente und besonderen Fähigkeiten in ihm liegen. Die Wesen, die zur selbständigen und verantwortlichen Mitarbeit in der Weißen Bruderschaft fähig geworden sind, haben ihre feinen Körper zu einem strahlenden Leuchten gebracht. Sie haben sich so mit der aufbauenden Kraft des Lebens verbunden, dass ihr Bewusstsein den Lichtkörper des Höheren Selbst erfüllt, weshalb gesagt wird, dass diese Wesen „im Licht" sind. Das ist nicht nur ein Bild, sondern auf höheren Ebenen eine Realität. Das Höhere Selbst ist der Teil in uns, der die Verbindung zu unserem Ursprung als göttliche Monade (Tropfen aus dem ALLES-WAS-IST) aufrechterhält. Die Monade sendet über das Höhere Selbst Lebensenergie an die irdische Person; und wenn der irdische Mensch einen bestimmten Punkt seines spirituellen Wachstums erreicht hat, ist er seinerseits in der Lage, der Monade etwas zurückzuschicken, indem er das Höhere Selbst mit konstruktiver Energie aus seinem Bewusstsein anfüllt und zum Leuchten bringt. Weil das Höhere Selbst nicht nur die Verbindung zu unserer eigenen Monade darstellt, sondern auch den energetischen Austausch zu anderen Höheren Selbsten gewährleistet, ermöglicht der enge Kontakt zum Höheren Selbst einen Zuwachs an Lebensenergie, Liebe, Weisheit und Fertigkeiten.

Ein Teil der Mitglieder der Weißen Bruderschaft hat die menschlichen Stufen der Entwicklung so weit vollendet, dass sie mit ihrem ganzen Sein in das Gewahrsein des Höheren Selbst aufgestiegen sind, darum werden sie oft als „Aufgestiegene Meister" bezeichnet. Da es ihnen möglich ist, mit ihrem Bewusstsein permanent im Lichtkörper des Höheren Selbst zu sein, besteht für sie in der Regel keine Notwendigkeit mehr, auf der physischen Ebene zu inkarnieren. Dennoch wählen einige von ihnen, wieder in einem menschlichen Körper zu wirken, weil sie dadurch der Menschheit in manchen Situationen besser helfen können. Auch wenn sie in einem grobstofflichen Körper leben, ist ihr Bewusstsein im Höheren Selbst verankert, und alle damit verbundenen Möglichkeiten der höheren Ebenen stehen ihnen offen. Zum Kreis der Weißen Bruderschaft gehören neben den Aufgestiegenen Meistern viele Eingeweihte, die sich auf ihrem inneren Weg der Entwicklungsstufe der Aufgestiegenen Meister nähern und in enger Verbundenheit mit ihrem Höheren Selbst agieren, auch wenn ihr irdisches Wirken noch nicht die Vollkommenheit der Aufgestiegenen Meister erreicht hat.

Der Begriff *Meister* ist für uns heute meist mit negativen Assoziationen verbunden. Ein Meister ist jemand, der sich gar nicht mehr in die vielen kleinen Probleme eines menschlichen Alltags hineindenken kann, jemand, der sich nicht nahe und vertraut anfühlt wie ein guter Freund. Obwohl diese fortgeschrittenen Wesen von unserem Standpunkt aus gesehen uns weit voraus sind, können sie sich dennoch sehr gut in uns hineinversetzen, zumal alle eine ähnliche Entwicklung durchgemacht haben wie wir und deshalb die auftretenden Schwierigkeiten gut kennen und verstehen. Sie sind keine abgehobenen Götter, die irgendwo auf ihren himmlischen Ebenen wirken, sondern unsere älteren Freunde, die nicht angebetet, sondern angehört werden wollen.

Da sie im Gegensatz zu den meisten Menschen durch ihre erweiterten Fähigkeiten wirklich in der Lage sind, uns zu raten und zu leiten, und dies auch gerne tun wollen, liegt es nur an uns, sie um diese Unterstützung auch zu bitten. Denn ohne unsere Zustimmung dürfen sie gemäß dem Gesetz des freien Willens nicht direkt eingreifen, und darum ist es wichtig, dass wir ihnen die Erlaubnis zum Helfen geben. Das ist der Ursprung des Gebetes: Wir erlauben dem göttlichen ALLES-WAS-IST, uns durch seine Mittelswesen in unserer Entwicklung zu unterstützen. Wenn das Gebet nicht so wirkt, wie wir uns das vielleicht vorgestellt haben, liegt es nicht daran, dass da oben keiner zuhört, sondern daran, dass hochentwickelte Wesen einen besseren Durchblick haben und darum klarer entscheiden können, was uns in unserer Entwicklung jetzt wirklich hilft. Manchmal haben wir uns aber auch durch frühere Willensäußerungen so in etwas verstrickt, dass im Augenblick keine direkte Hilfe möglich ist; dann wird erst einmal daran gearbeitet, dass wir aus einigen dieser Verstrickungen wieder herauskommen.

Bei all der Förderung, die uns auf diesem Wege zuteil werden kann, ist es wichtig, im Auge zu behalten, dass diese Wesen nicht dazu da sind, uns unsere Entwicklung und unser Leben abzunehmen. Spielen müssen wir schon selbst, sonst hätten wir ja hinterher nichts gelernt. Ihre Unterstützung ist immer Hilfe zur Selbsthilfe, sie geben uns Tipps, wie wir auch an den Punkt kommen können, an dem sie jetzt stehen, indem wir die göttlichen Gesetze erkennen und unser Leben nach ihnen ausrichten können. Denn immer, wenn wir uns gegen den göttlichen Fluss der Lebensenergie stemmen, wird es hart für uns, wir bekommen Schwierigkeiten und erfahren Leid. Dadurch sollen wir merken: „Halt! So nicht!" Schwimmen wir mit dem Strom des Lebens, sind wir in Einklang mit den göttlichen Gesetzen, wird alles viel leichter, weil wir von der Strömung mitgetragen werden. So sind es wir selbst, die sich für oder gegen Leid und Schmerzen entscheiden, weil wir den freien Willen bekommen haben, um einen verantwortungsvollen, bewussten und liebevollen Umgang mit der Lebensenergie zu erlangen.

Eine immer wieder zu Missverständnissen führende Schwierigkeit taucht auf, wenn man versucht, sich den Wesen der Weißen Bruderschaft im Verständnis zu nahem: Diese hochentwickelten Seelen operieren von einer ganz anderen Basis aus als wir in der physischen Welt. Wie wir erkannt haben, ist das Spektrum unserer Wahrnehmung begrenzt: Jenseits des Ultraviolett und des Infrarot gibt es Farben, die wir nicht sehen können, ebenso wie Töne, die wir mit unseren Ohren nicht hören können. Wir erleben nur einen kleinen Ausschnitt der Welt um uns herum, ebenso wie wir nur einen kleinen Anteil unserer Gehirnmasse nutzen. Wesen, die im Bewusstsein ihres Lichtkörpers leben wie die der Weißen Bruderschaft, können die ganze Fülle der sinnlichen Erscheinungen wahrnehmen, sie nutzen alle Zellen ihres Gehirns und haben eine ganz andere Frequenzbreite von Ausdrucksmöglichkeiten zu ihrer Verfügung. Das macht klar, warum unsere Vorstellung von ihrem Dasein begrenzt bleiben muss, bis wir uns selbst ihrer Entwicklungsstufe angenähert haben.

Da Mitglieder der Weißen Bruderschaft einen viel besseren Überblick über die Zusammenhänge haben und in genauer

Kenntnis der wirksamen göttlichen Gesetze sind, tun sie oft etwas, das uns unsinnig oder unlogisch erscheint, oder unseren ethischen Normen überhaupt nicht entspricht. Leicht werden sie dann zu Scharlatanen und Spinnern erklärt, im ungünstigsten Fall bedroht und verfolgt. Um dieser unnötigen Behinderung ihrer Tätigkeit aus dem Weg zu gehen, arbeiten sie überwiegend im Verborgenen oder stellen sich in der Öffentlichkeit als unscheinbare Person dar. Wenn immer es geht, ziehen sie die unspektakulären Mittel zur Lösung einer Aufgabe vor. Auch wenn sie über Fähigkeiten wie Telepathie, Teleportation, Materialisation und Dematerialisation verfügen, führen sie diese Gaben in der Regel nur im Kreis engster Vertrauter vor, und nie ohne triftigen Grund. Nur zu Show-Zwecken oder als Beweis ihrer spirituellen Größe werden diese Errungenschaften ihres spirituellen Wachstums nicht eingesetzt, denn der effektive Einsatz der vom göttlichen ALLES-WAS-IST gegebenen Energien ist eine wichtige Grundregel. Es ist kein Problem für sie, in einer normalen Großstadt zu leben, ohne von den Menschen als Mitglied der Weißen Bruderschaft erkannt zu werden. Wohl gibt es einige äußere Merkmale, die auf die Größe ihres Wesens hinweisen, doch muss man sich schon sehr ihrer Entwicklung angenähert haben, um über ihre Position auf den inneren Ebenen Gewissheit zu haben. Ihr äußeres Erscheinen wird als eindrucksvoll, edel, würdig und von heiterer Gelassenheit durchdrungen beschrieben. Sie haben generell viel Humor und strahlen große Ruhe und Wohlwollen aus, von ihnen geht ein tiefer Frieden aus, der in dem völligen Verständnis der inneren Zusammenhänge seinen Ursprung hat. Sie gehen sehr bewusst mit der Sprache um und reden nie ohne einen bestimmten Anlass. Da sie im Einklang mit den aufbauenden Kräften des Lebens sind, können sie sehr alt werden, ohne dass man ihnen dieses Alter ansehen könnte, sie sehen immer so aus, als wären sie in der Blüte ihres Lebens.

Durch ihre Fähigkeiten auf den höheren Ebenen können sie die Gedanken hinter den Worten erfassen, was es ihnen erlaubt, auch unbekannte Sprachen zu verstehen, ebenso wie sie Menschen, die dafür zugänglich sind, inspirierende Gedanken eingeben können, die diese dann in ihrer eigene Sprache umgesetzt empfangen. Auf diese Weise ist es ihnen möglich, Politiker und Regierende für den Frieden zu inspirieren, Lehrern und Predigern zu liberaleren Ansichten zu verhelfen und Künstler für höhere Einflüsse zu öffnen, um nur einige Beispiele zu nennen. Die Weiße Bruderschaft arbeitet in diesem Sinne zum Wohl der ganzen Menschheit an ihrem Ziel, dem Aufbau eines allgemeinen planetaren Einheitsbewusstseins. Indem die Meister mit ihrer Ausstrahlung auf unsere feinstofflichen Körper einwirken, wecken und fördern sie die konstruktivsten Kräfte und hilfreichsten Eigenschaften in uns. Manch einer spürt diese positiven Einflüsse in seinem Leben, ohne zu wissen, woher sie kommen.

Alle ihre Kenntnisse und alle ihre Fähigkeiten dürfen nicht darüber hinwegtäuschen, dass auch die Mitglieder der Weißen Bruderschaft weder allmächtig noch allwissend sind. Ebenso wie wir haben auch sie noch viele weitere Stufen in ihrer Entwicklung zu vollenden. So haben die Mitglieder der Weißen Bruderschaft zwar weitaus umfassendere Möglichkeiten erlangt, dem göttlichen Bewusstsein Ausdruck zu verleihen, doch sind sie noch keineswegs am Ende der Entwicklungsleiter. So, wie sie auf den Stufen über uns stehen, um uns zu unterstützen und zu inspirieren, sind über ihnen ebenfalls auf jeder Stufe der Leiter zahlreiche Wesen, die den Mitgliedern der Weißen Bruderschaft als Vorbilder und Lehrer dienen. Jedes Wesen des Omniversums entwickelt sich beständig weiter, es wächst über sich selbst hinaus und betritt eine neue Bühne des Lebens, egal wie weit entwickelt dieses Wesen in unseren Augen auch sein mag. Dementsprechend gibt es auch Stufen von Bewusstsein, die unter der menschlichen Ausdrucksform stehen, und denen wir als Vorbilder dienen sollten. Dazu zählen viele der Elementarwesen, die uns durch Märchen und Erzählungen als Heinzelmännchen oder Elfen usw. bekannt sind. In vielen Berichten wird beschrieben, dass sich diese Wesen in ihrem Verhalten und ihren Gewohnheiten den Menschen anpassen und sie nachahmen, nicht nur durch ihre Kleidung. Was sie von uns lernen wollen, ist die Individualisierung ihrer Lebensenergie, um so irgendwann auch einmal zu einem eigenständigen Ausdruck des göttlichen Bewusstseins zu werden. Da wir in den letzten Jahrhunderten als Menschheitskollektiv nicht gerade Vorbildfunktionen hatten, hat sich das Reich dieser Wesen von den Menschen sehr weit zurückgezogen, und viele dieser Wesen sind auf die Menschen nicht gut zu sprechen, weil sie die destruktiven und lebensfeindlichen Handlungen der Menschen nicht nachvollziehen können. Wir haben die Verantwortung für unseren Planeten, der auch vielen nichtmenschlichen Wesen als Lebensraum dient, lange Zeit nicht ernst genommen. Seit sich dies ändert, wird auch die Verbindung zwischen uns und den Naturreichen wieder enger.

Darüber hinaus ist das Wirken der Weißen Bruderschaft durch die für unsere Daseinsebene geltenden kosmischen Gesetze begrenzt, da zum Beispiel die Auswirkungen des individuellen oder nationalen Karmas nicht einfach aufgehoben werden können. Wir hätten dann aus den Folgen unserer Taten nichts gelernt und wären einem verantwortungsvollen und bewussten Umgang mit der göttlichen Lebensenergie kein Stück näher gekommen. Darum greifen die Meister der Weiße Bruderschaft auch nicht einfach über die Köpfe der Menschen hinweg in unsere Entwicklung ein, wenn manche sich das auch wünschen würden. Sie sind zwar in der Lage, weitreichende Pläne zu unserer Unterstützung zu machen und Vorhaben durchzuführen, die auf allen Seinsebenen koordiniert sind, doch können sie nie mit hundertprozentiger Gewissheit vorhersagen, wie die Menschen letztendlich darauf reagieren werden. So kann es durchaus geschehen, dass bestimmte, in unserem Sinne erwünschte Ergebnisse nicht erzielt werden, weil die Menschen sich mit ihrem freien Willen anders entschieden haben. Dadurch wird unsere Entwicklung verzögert und unter Umständen unsere Leidenszeit verlängert, was allerdings nicht auf das Versagen der Hilfskräfte des ALLES-WAS-IST zurückzuführen ist, sondern auf unsere eigene Entscheidung.

So haben sich viele Menschen gefragt, wie Gott die Schrecken des Zweiten Weltkrieges zulassen konnte. Gott, das AL-LES-WAS-IST, wollte diesen Krieg nicht, es waren die Menschen, die mit ihrer freien Entscheidung beschlossen haben, nicht aus dem Ersten Weltkrieg soviel zu lernen, dass ein zweiter unmöglich wird. Die göttlichen Kräfte haben sich schon vor dem Ersten Weltkrieg durch die Weiße Bruderschaft bemüht, dieses zusätzliche Drama zu verhindern, weil auf den höheren Ebenen ganz klar zu erkennen war, was sich da zusammenbraute. Doch wenn diese Anstrengungen auch zweimal vergeblich waren, so können wir doch vom jetzigen Standpunkt aus hoffen, dass das Kollektiv der Menschheit bewusst genug geworden ist, um zu dem Szenario eines dritten atomaren Weltkrieges Nein zu sagen. Die Weiße Bruderschaft jedenfalls arbeitet beständig an unserer Weiterentwicklung im Sinne der göttlichen Lebensgesetze. Ihre Mitglieder sind zu unserem Glück über die Bewusstseinszustände von Hoffnungslosigkeit und Verzweiflung längst hinausgewachsen, so dass sie sich durch Fehlschläge nicht in ihren Bemühungen unterbrechen lassen. Von ihrer Warte aus können sie viel längere Zeiträume überblicken, und so in äonenlangen Abschnitten eine stetige kontinuierliche Entwicklung ausmachen.

Es gibt einige Orte auf der Erde, wo sich die Energien der Weißen Bruderschaft konzentrieren, wo sie Stützpunkte aufgebaut haben. Dazu gehören bestimmte Gebiete im Himalaja und in Indien, weshalb es in der Öffentlichkeit in früheren Zeiten den Anschein hatte, als würde es sich bei der Weißen Bruderschaft um die Mitglieder eines bestimmtem Geheimordens im Himalaja handeln. Doch die Mitarbeiter der Weißen Bruderschaft sind in der ganzen Welt aufzufinden. Sie leben auf der Erde nicht alle zusammen, sind jedoch auf höheren Ebenen ständig in Kontakt miteinander. Jeder Kontinent hat einen Hauptverantwortlichen und seine eigenen geistigen Zentren, wie zum Beispiel die Region um den Mount Shasta in den USA als Sitz der dortigen Unterabteilung der Weißen Bruderschaft bekannt ist. Die Mitglieder setzen sich aus den verschiedensten Nationalitäten zusammen, und es sind auch bei ihrer hohen Entwicklung immer noch charakteristische Eigenschaften und individuelle Eigenheiten der einzelnen Mitglieder auszumachen, doch alle haben in gleichem Maße Weisheit, Liebe und Kraft in sich entwickelt.

Bestimmte Mitglieder der Weißen Bruderschaft bilden die spirituelle Hierarchie für das Menschenreich, das heißt: sie übernehmen bestimmte Aufgaben und Dienste, für die sie sich durch ihre individuelle Entwicklung qualifiziert haben. Sie werden damit für eine Zeit zur Autorität für eine bestimmte Aktivität, bis sie in ihrer Entwicklung noch weiter vorangeschritten sind und ihren Platz für einen Nachrückenden frei machen. Da auch die Meister durch ihre Aufgaben lernen, sind sie ebenso wie wir für ihre Projekte verantwortlich, und kein anderer Meister wird sich unnötig in ihren Bereich einmischen oder eine Arbeit abnehmen. Sie sind für uns ein Vorbild in Teamarbeit, bei der jeder seinen Bereich übernimmt und sich für diesen zuständig fühlt, während er gleichzeitig Kontakt zu den anderen hält, so dass eine optimale Koordination aller Aktivitäten und eine gemeinsame planetare Wirkungsrichtung gewährleistet sind. Zu diesem Zweck, und auch zur Absprache mit höchsten Ebenen finden überall auf der Welt regelmäßig Treffen statt. Einer der durch die Meister geleisteten Dienste ist die Oberaufsicht über das Wirken der sieben Strahlen.

Die Strahlen entsprechen bestimmten Energiequalitäten und repräsentieren in ihrer Essenz gewisse abstrakte Prinzipien. Jeder Strahl verfügt über je sieben Unterstrahlen. Unser sichtbares Licht ist nur ein schwacher Abglanz dieses kosmischen Lichtes, das von der Urzentralsonne ausgestrahlt und von unserer Sonne weitergeleitet wird. Der Leiter eines Strahls wird Cohan genannt, er repräsentiert das kosmische Gesetz des entsprechenden Energiemusters für die Erde. Alle Cohane stehen wiederum unter der Leitung des Maha Cohan.

Jedem Strahl werden bestimmte Eigenschaften zugeordnet, die die Manifestierung seines Prinzips auf der Erde verdeutlichen sollen. Dass diese Umschreibungen zwangsläufig sehr ungenau und unvollkommen sind, liegt auf der Hand. Entsprechend der Schwingungsrate der Strahlen werden sie auch mit Farben belegt, die jedoch in verschiedenen Darstellungen leicht variieren. Neben den uns bekannten sieben Strahlen gibt es noch viele weitere, deren Energiemuster sich mit der weiteren Entwicklung der Erde immer stärker bemerkbar machen werden.

Erster Strahl:
Willenskraft, innere Stärke, Macht, Initiative, Schutz
Zweiter Strahl:
Liebe, Erleuchtung, Weisheit, Verständnis
Dritter Strahl:
Aktive Intelligenz, Angleichung, Ausgewogenheit
Vierter Strahl:
Reinheit, Harmonie, Schönheit, Kunst
Fünfter Strahl:
Kenntnisse, Wissenschaft, Heilung
Sechster Strahl:
Hingabe, Idealismus, Vergebung
Siebter Strahl:
Gesetzmäßigkeit, innere Ordnung, Transformation

Eine Bemerkung zur Bezeichnung „Weiße Bruderschaft":

Auch wenn es sich so anhört, als würde es sich hierbei um eine reine Männerrunde handeln, gehören selbstverständlich genauso Frauen zu dieser Gruppe, auch wenn von den weiblichen Mitgliedern weniger bekannt ist. Die Mitglieder selbst nennen ihre Vereinigung häufig neutraler „Weiße Loge", doch die Bezeichnung Bruderschaft ist in der Öffentlichkeit geläufiger. Man kann sicher davon ausgehen, dass die Bezeichnung in einer Zeit auf der Erde entstanden ist, als es nicht ins öffentliche Meinungsbild passte, Frauen in irgendeiner Form als übergeordnet anzusehen. Da positive Impulse von der Weißen Bruderschaft leichter in der physischen Welt angenommen werden, wenn sie auf unsere aktuelle Gedankenwelt abgestimmt sind, ist es auch gut vorstellbar, dass aufgrund der Vorurteile gegenüber Frauen über einen langen Zeitraum nur Männer als öffentliche Vertreter der Weißen Bruderschaft in Erscheinung getreten sind. Wer hätte sich noch vor fünfzig Jahren von einer Frau etwas sagen lassen? Heute ist das Verhältnis sicher noch nicht ausgewogen, doch immerhin ist ein weibliches Wesen in einer leitenden Position schon alltäglicher geworden. Jedenfalls sind die Mitglieder der Weißen Bruderschaft in keiner Weise geschlechtlich vorbelastet, da man in der Regel zahlreiche Leben in beiden Körpertypen hatte, bevor man sich zu den Bewusstseinsqualitäten entwickelte, die zu einer Aufnahme in die Weiße Bruderschaft berechtigen.

„Weiß" bezieht sich nicht darauf, dass alle Mitglieder stets weiße Kleidung tragen, sondern dient als Symbol für die Reinheit im Herzen und die aufrichtige Absicht, zum Wohl des Ganzen zu wirken. Im Gegensatz dazu steht die sogenannte Dunkle Bruderschaft, die sich aus Schwarzmagiern zusammensetzt, die aus egozentrischen Motiven Menschen auf den feineren Ebenen manipulieren, um so mehr persönlichen Einfluss zu gewinnen. Alle diese ichbezogenen Handlungen der Dunklen Bruderschaft richten sich am Ende immer gegen ihre Urheber, weil sie gegen das kosmische Gesetz der Liebe und Ausdehnung verstoßen, und somit die Ausübenden schwarzmagischer Praktiken ihre eigene Entwicklung zu höchsten Ebenen langfristig stark behindern. Trotzdem hat ihre Tätigkeit auf unserer irdischen Ebene eine Auswirkung, die in ihrer zerstörerischen

und destruktiven Kraft überall auf der Welt zu beobachten ist.
Zu den Aufgaben der Weißen Bruderschaft gehört es, einer
Eskalation dieser vernichtenden Kräfte entgegenzuwirken und
uns vor der Selbstzerstörung zu bewahren. Aus den bereits oben
erwähnten Gründen wird die Aktivität der Dunklen Bruderschaft
auf der Erde vom göttlichen ALLES-WAS-IST zugelassen, damit das menschliche Bewusstsein Gelegenheit hat. Unterscheidungsfähigkeit zu entwickeln. Jeder durch Taten, Gefühle oder
Gedanken ausgelöste Energieimpuls, der nicht das Beste aller
zum Ziel hat, unterstützt die destruktiven Energien, die durch
die Dunkle Bruderschaft repräsentiert werden, und schwächt
gleichzeitig unsere eigene Lebensenergie. Umgekehrt verstärkt
jeder konstruktive Energieimpuls das Wirkungsfeld der Weißen
Bruderschaft und erhöht unsere eigene Lebensenergie um ein
Vielfaches, weil diese Energie im Einklang mit den kosmischen
Naturgesetzen fließt und so durch den natürlichen Energiefluss
verstärkt wird. Wer glücklich verliebt ist, kennt das Gefühl, dass
auf einmal alles viel leichter wird, ebenso wie Eltern für ihr Kind
durch ihre Liebe in Krisensituationen über sich selbst hinaus-
wachsen können. Wenn die Menschen die Beherrschung ihrer Gedanken, Gefühle und Handlungen gelernt haben und
der Dunklen Bruderschaft keine Energie durch Angst, Gewalt,
Machtgelüste, Hassgefühle oder Gewinnsucht mehr geben,
wird sie auch keinerlei Einfluss mehr auf unser Leben haben.
Bis dahin wird sich die Weiße Bruderschaft darum bemühen,
uns durch Aufklärung über die in unserer Welt wirkenden göttlichen Gesetze zu einem menschenwürdigeren Dasein mit mehr
göttlicher Liebe, Weisheit, Kraft, Freude und Fülle zu ermun-
tern.

Zu diesem Zweck spricht sich der planetarische Logos mit den höheren Wesen und allen Mitarbeitern innerhalb der spirituellen Hierarchie ab und schickt ein Wesen in die physische Ebene, das durch sein Wirken in Gedanken, in Worten und in Handlungen als Vorbild dienen kann. Solche Wesen waren unter anderem Buddha, Krischna, Sankaracharya, Lao-Tse, Konfuzius, Hermes Trismegistos, Quetzcoatl, Zoroaster, Pythagoras, Moses und Jesus.

Jesus

Von den Lehren, die die Botschafter des göttlichen ALLES-WAS-IST auf die Erde brachten, ist heute zumeist nur noch ein Bruchteil erhalten. Die Zeit und politische Bestrebungen haben die von ihnen überbrachten Wahrheiten gefiltert und entstellt, mitunter bis zur Unkenntlichkeit. Dogmatismus und Fanatismus taten ein Übriges, um aus dem lebendigen Wissen leere Hüllen zu machen, die auf die tiefen Fragen des Lebens nach dem Woher, Wohin und Warum keine befriedigende Antwort mehr geben können. Von den Lehren des Pythagoras zum Beispiel sind lediglich die Formeln im Mathematikunterricht im Alltagsbewusstsein übrig geblieben, und die Anhänger der heutigen Weltreligionen haben sich fast hoffnungslos zerstritten und zersplittert, zumeist wegen unwichtiger Kleinigkeiten.

So ist auch Jesus trotz seiner Bedeutung für die westliche Welt in der heutigen Zeit eine umstrittene Figur, weil seine Person sehr oft der Anlass für Aktionen war, die in ihrer Absicht nur als unmenschlich bewertet werden können. Sein Name oder der des Christentums musste für Handlungen herhalten, die sicher nicht in seiner geistigen Nachfolge standen. Hinter all dem Missbrauch, der mit seinem Wirken betrieben wurde, ist die Essenz seiner Lehren in der Öffentlichkeit in den Hintergrund gerückt, denn leider wird sein Bild mittlerweile zu oft mit Leid, Aufopferung und Repression in Verbindung gebracht, mit dem, was eine von ihm nicht beabsichtigte Institution aus seinem Erbe gemacht hat. Doch Jesus und seine ursprünglichen Lehren sind immer noch das leuchtendste Licht, das in der westlichen Welt wirkt, und die Wegweiser, die er für den Rest der Menschheit aufgestellt hat, sind trotz aller Verschmutzung immer noch zu finden. Um das zu erkennen, was hinter allen

Verzerrungen und Verbiegungen steht, ist es wichtig, Jesus einmal vom Kreuz herunterzuheben und das Licht seiner Lehre in sich wahrzunehmen.

Bei jedem neuen Botschafter des göttlichen ALLES-WAS-IST, der auf die Erde kommt, wird das Programm seiner Mission etwas verändert, denn natürlich muss die Belehrung dem aktuellen Bewusstseinsstand auf der Erde angeglichen werden. Auch wenn es für uns vielleicht nicht so aussieht, ist doch stets ein gewisses Wachstum in der Bewusstseinsentwicklung des Menschen festzustellen, was die Einführung neuer Aspekte der göttlichen Gesetze möglich macht. So war es Jesu Auftrag, die Gesetze im Alten Testament um das Bewusstsein für Liebe und Brüderlichkeit zu erweitern, ein Thema, dessen Wichtigkeit uns vielleicht erst heute ganz klar vor Augen steht. Nur mit der Ausrichtung auf Liebe und Brüderlichkeit ist der Abgrund, der sich heute durch die Nichtbeachtung dieser Prinzipien vor uns auftut, noch zu überwinden. Wer in seinen Gedanken, Gefühlen, Taten und Handlungen Liebe und Brüderlichkeit wirken lässt, wird irgendwann das Bewusstsein der Einheit allen Lebens erfahren. Bei ein wenig Nachdenken ist es für uns heute offensichtlich, dass jede Handlung, die irgendwo auf der Erde begangen wird, eine Auswirkung auf alle anderen Lebewesen hat. Atomunglücke, Kriege, Umweltverschmutzung und Börsenstürze haben uns auf makabre Weise das Einheitsbewusstsem näher gebracht, doch wie gesagt, es sind wir, die entscheiden, wie wir lernen wollen. Die Menschheit hätte ja auch mehr auf einen von den Botschaftern des ALLES-WAS-IST hören können.

Vor Jesus galt es, das von Moses überbrachte Gesetz „Auge um Auge, Zahn um Zahn" zu verinnerlichen. Damit wurde auf das göttliche Gesetz des Karmas verwiesen, das besagt, dass jede Handlung, die man begeht, zu einem selbst zurückkommt, und es darum weise ist, sich seine Handlungen zu überlegen, ebenso wie es unnötig ist, Rache zu üben, da der kosmische Ausgleich ohne Zweifel kommen wird. Aus heutiger Sicht scheint „Auge um Auge, Zahn um Zahn" ein recht primitives Gesetz zu sein, doch zuvor war es üblich, ein Vergehen tausendfach „heimzuzahlen", so wie es einem heute in einigen Teilen der „zivilisierten" Welt noch passieren kann, für eine vermeintliche Beleidigung abgeschossen zu werden. Wer seine Feinde hasst, schafft nur immer neue Streitigkeiten, er vergiftet die Atmosphäre mit Misstrauen und Befürchtungen und macht sich damit letzten Endes selbst das Leben schwer. Liebe ist der andere Pol des Hasses, man denkt genauso intensiv an eine Person, nur dass man ihr diesmal aufbauende, statt zerstörerische Energien sendet. Durch das bewusste Aussenden von reiner Liebe, die von Herzen kommt, wie es Jesus durch seine Botschaft von Frieden und Brüderlichkeit lehrte, durch Verzeihen und Vergebung, kann das ewige Ping-Pong des Karmaausgleichs aufgehoben werden.

Alles, was wir tun, sogar was wir fühlen und denken, hinterlässt eine klare Spur auf den unsichtbaren Ebenen. Wann immer wir unsere Energie auf etwas richten, schaffen wir eine Form, die wir mit unserer Energie füllen. Diese Form ist für jeden deutlich zu erkennen, der in der Lage ist, die feinstofflichen Ebenen wahrzunehmen. Jedes Mal, wenn wir uns wieder auf denselben Gedanken oder auf dasselbe Gefühl oder dieselbe Handlung ausrichten, geben wir dieser Gedankenform erneut Energie, und sie wird größer. Und so schaffen wir um unsere feineren Körper Energieformen, die diese in ihnen gespeicherte Energie permanent ausstrahlen und ähnliche Energien anziehen. „Gleiches zieht Gleiches an" ist eine wichtige Gesetzmäßigkeit. Wer das erste Mal betrügt, hat vielleicht starke Gewissensbisse, beim zweiten Mal nur noch leichtes Unbehagen, und beim dritten Mal fällt es ihm ganz leicht. Er wird in die Gesellschaft von Menschen kommen, die ihm bestätigen, dass es ganz und gar notwendig ist zu betrügen, und dass sie es selbst deshalb auch immer tun. Und die ganze Zeit über wird die Energieform „Betrügen" mit neuer Energie gefüttert, sie wird sich mit den Energieformen der anderen Betrüger verbinden und einen mächtigen Einfluss auf die feineren Körper ausüben. Wann immer wir nun Energieformen schaffen, die nicht mit dem göttlichen Gesetz übereinstimmen, schaffen wir Karma, eine Bindung an die niederen Ebenen, die einen Ausgleich verlangt.

So kann zum Beispiel irgendwann etwas geschehen, bei dem der Mensch, der die Gedankenform „Betrügen" füttert, so durch den Betrug eines anderen geschädigt wird, dass er erkennt, wie destruktiv und lebensfeindlich ein Betrug ist. Dadurch wird ihm die Gelegenheit gegeben, Erkenntnis zu erlangen und eine neue Richtung einzuschlagen, die ihm die Möglichkeit schafft, die Gedankenform „Betrügen" aufzulösen, und sich stattdessen auf Ehrlichkeit auszurichten und damit eine ihn unterstützende Gedankenform zu kreieren. Genau das war damit gemeint, als Jesus sagte: „Kehrt um und tut Buße". Es hieß nicht, kleidet euch in Sack und Asche, geißelt euch selbst und leidet jeden Tag unter dem Bewusstsein eurer Schuld. Es bedeutete: „Lenkt eure Ausrichtung um! Lasst ab von dem, was gegen das Leben gerichtet ist, was gegen das göttliche Gesetz ist und bemüht euch um einen Ausgleich, indem ihr eure Energie auf das richtet, was das Leben unterstützt."

Jede Energie, die wir durch unsere Taten, Worte, Gefühle und Gedanken aussenden, hat eine ihr eigene Schwingung. Betrügen ist eine niedrige Schwingung, Aufrichtigkeit dagegen eine hohe. Richten wir uns auf eine niedrige Energie aus, werden wir von dieser in niedrigen Bereichen gehalten, in denen diese niedrigen Schwingungen die Oberhand haben. Orientieren wir uns an höheren Schwingungen, werden wir in die höheren Bereiche gezogen, in denen dann Gedankenformen wie Ehrlichkeit, Loyalität, Wahrhaftigkeit, Freundschaft, Kreativität, Liebe, Freude und Fülle regieren. Senden wir Energieformen von höherer Schwingung aus, werden wir auch solche von höherer Schwingung anziehen. Somit schaffen wir uns unsere Umgebung und die uns beeinflussenden Impulse selbst. Jesu Gebot, unsere Nächsten so zu behandeln, wie wir uns wünschen behandelt zu werden, wird dann nicht zu einem schöngeistigen Ideal, sondern zu einer realen Tatsache: Das, was ich an Energien in die Welt setze, wird automatisch auch in meine Welt eintreten. Da ist es doch nur ratsam, das auszusenden, was man auch für sich selbst als wünschenswert ansieht.

Das Gesetz des Ausgleichs (Karma) hat vielfach das Bild eines grausamen und strengen Gottes gefördert, der die Menschen für einen Fehltritt leiden lässt und Unglück und Strafe fordert. Dabei wird übersehen, dass das göttliche ALLES-WAS-IST den Menschen das Recht des freien Willens gab, womit nichts anderes gesagt wird, als dass dem Menschen das widerfährt, was er sich aussucht, worauf er seine Energie richtet. Leid und Unglück können nur entstehen, wenn der Mensch gegen das göttliche Gesetz arbeitet, wenn er destruktive und zerstörerische Elemente den konstruktiven und aufbauenden vorzieht. Wer gegen den göttlichen Fluss der Energien schwimmt, wird zu leiden haben, wer mit der Strömung fließt, wird erfüllten Herzens vorankommen. Das ist das Gesetz der göttlichen Gnade und Liebe, das Jesus durch sein Leben ins Bewusstsein der Menschheit gebracht hat: Eine destruktive Gedankenform, so groß und mächtig sie auch sein mag, kann jederzeit durch eine echte Umkehr in der inneren Einstellung mit der Kraft der Liebe, die von Herzen kommt, aufgelöst werden. Denn Liebe ist eine Eigenschaft des göttlichen ALLES-WAS-IST und dadurch viel wirkungsvoller als alle destruktiven Energien. Liebe ist schneller als das Licht in seinen Schwingungen. Wenn ich an jemanden in Liebe denke, sind meine liebevollen Gedanken im gleichen Augenblick bei der betreffenden Person. Zu lieben bedeutet, mit dem Strom des Lebens eins zu sein, vom Leben selbst unterstützt zu werden. Liebe ist die mächtigste Kraft, und ihre Kraft und Stärke bewirken die Gnade, die niederen Energien von zahlreichen Leben wirkungslos zu machen. „Liebet eure Feinde" war kein rührseliges und unlogisches Selbstaufopferungsangebot, sondern der wirksamste Weg, niedere Gedankenformen unschädlich zu machen, die unsere Lebensenergie aufzehren und uns krank, depressiv und unglücklich machen.

Jesus war durch seine eigenen hochfrequenten Liebesschwingungen in der Lage, krankmachende Energieformen aus den feinstofflichen Körpern anderer Menschen zu entfernen, wodurch es zu den berühmten Wunderheilungen gekommen ist. Da sich krankmachende Energien immer zuerst in den inneren feinstofflichen Körpern festsetzen, kann der äußere Mensch sofort geheilt werden, wenn die entsprechenden Energieumstrukturierungen an seinen inneren Körpern stattgefunden haben. Das funktioniert allerdings nur, wenn der behandelte Mensch aus dieser Krankheit gelernt und die dementsprechende Umorientierung in seinem Bewusstsein vorgenommen hat. Ist das nicht der Fall, wird nur eine vorübergehende Besserung eintreten, und die Krankheit wird, vielleicht an einer anderen Stelle, wieder auftauchen. Die Behandlung von äußeren Symptomen kann immer nur eine Unterstützung des Genesungsprozesses darstellen, wahre Heilung kommt immer von innen. Um zu erkennen, ob ein Mensch wirklich für die Aufhebung einer Krankheit reif ist, braucht es ein hochentwickeltes Bewusstsein, wie Jesus es verkörperte. Echte Heiler werden nicht jeden Menschen, der darum bittet, von seiner Krankheit befreien, sondern nur die, die schon genügend aus ihrer Krankheit gelernt haben, deren Karma abgegolten ist. Wer jemanden heilt, der diese Krankheit für seinen Erkenntnisprozess noch gebraucht hätte, tut dieser Person keinen Gefallen, denn die Heilung, sofern es dann überhaupt zu einer solchen kommt, ist nur die Unterbrechung des Lernprozesses, der dann zwangsläufig durch eine neue Krankheit oder einen Unfall fortgesetzt wird. Die destruktive Energie, die für diese Zustände verantwortlich ist, ist damit nicht aufgelöst, sondern nur aufgeschoben.

Jesus machte im Anschluss an seine Wunderheilungen oft Bemerkungen, die mit den Worten „Kehr um und sündige hinfort nicht mehr!" wiedergegeben worden sind. Damit ist nicht gemeint, dass der Kranke nach seiner Genesung nun als Dank an Jesus ihm nachfolgen und nur noch Gutes tun soll, wie es die Kirchen uns gerne glauben machen wollen, dass Jesus uns allen Ärger abnimmt, wenn wir nur schön brav sind und immer im Sinne der kirchlichen Dogmen handeln -, sondern Jesus weist mit diesen Worten darauf hin, dass die Heilung nicht von Dauer sein kann, wenn sich nicht auch das Verhalten in Gefühlen, Gedanken, Worten und Taten ändert, das die Umstände, die zur Krankheit geführt haben, herbeigeführt hat.

Ebenso wie heute waren zu Jesu Lebzeiten nicht alle Menschen in ihrer Entwicklung auf derselben Bewusstseinstufe. Entsprechend dem Verständnisgrad wurden so Lehren für die Allgemeinheit, für einen Inneren Kreis und für einen Innersten Kreis erteilt. Die Inneren Lehren wurden nur mit dem Gebot der Verschwiegenheit weitergegeben und, wenn überhaupt, dann nur in Symbolen verschlüsselt aufgezeichnet. Zur Weitergabe dieses geheimen inneren Wissens dienten die Klöster bestimmter Ordensgemeinschaften wie die der Essener, in denen auch Jesus ausgebildet wurde. Auch wenn Jesus als sehr reine, klare, mächtige, wissende und liebevolle Seele auf die Erde kam, war dennoch eine spezielle Ausbildung notwendig, die ihn auf seine Mission in einem irdischen Körper vorbereitete.

Die besonderen Vorbereitungen begannen bei der Auswahl seiner Eltern, für die sich ebenfalls hochentwickelte Wesen verkörperten, um Jesus von Anfang an die richtige Begleitung geben zu können. Maria wurde schon in jungen Jahren von ihren Eltern zur Ausbildung in den Tempel gebracht. Sie war eine sehr bewusste Frau, die sich über ihre Aufgabe an Jesu Seite im Klaren gewesen ist. Ihr ganzes Leben hindurch hatte sie eine enge Verbindung zum Engelreich, die Begegnung mit Erzengel Gabriel ist nur ein Beispiel dieser Kontakte. Josef, der ihr zur Seite gegeben wurde, war ebenfalls in die inneren Lehren der Essener eingeweiht. Beide waren Jesu erste Lehrer, bis er nach ihrer Flucht in Ägypten in einem der dortigen Essenerkloster aufgenommen wurde. Da es für seine Mission wichtig war, sich mit allen zur damaligen Zeit vorhandenen Lehren auseinanderzusetzen, ging er schon in jungen Jahren auf Reisen, um in den entsprechenden Zentren der Bruderschaft in die verschiedensten Aspekte der Gesetze des göttlichen ALLES-WAS-IST eingeweiht zu werden.

Mit 14 Jahren kam er nach Indien, wo er unter anderem in Puri und Benares unterrichtet wurde und mehrere Jahre lang die Veden studierte, bis er ein Meister des Radschayoga wurde, des königlichen Yoga, der die Synthese aller Yogawege darstellt und unter anderem zur Beherrschung der feinstofflichen Körper führt. Im Kloster Ladbar im Transhimalaja zeugen alte Schriften von dem Leben des Propheten ISA, dessen Leben und Wesen sich mit den Beschreibungen von Jesus decken. Diesen Manuskripten zufolge ging Jesus danach für mehrere Jahre in den Himalaja, um dort die Schriften Buddhas zu studieren und an Kraftzentren in den Bergen an seiner Vervollkommnung zu arbeiten. In einigen Klöstern sollen noch Originalschriften vorhanden sein, die Jesus in der damaligen Zeit anfertigte.

Auch die frühe Kirche soll im Besitz von Dokumenten gewesen sein, die über die Zeit vor seinem öffentlichen Wirken Aufschluss gaben; diese Schriften sind jedoch auf die eine oder andere Art abhanden gekommen. Anschließend befasste Jesus sich in Persien mit den Lehren Zarathustras, bevor er nach Assyrien und Griechenland weiterzog, um schließlich wieder nach Ägypten zu gehen. Dort fand mit 29 Jahren nach dreijähriger Lehrzeit in der großen Pyramide von Gizeh eine Einweihung statt, während der er die endgültige Herrschaft über Leben und Tod erlangte. Wie auch in anderen Berichten (zum Beispiel in Lobsang Rampas Buch „Das dritte Auge") dargestellt, besteht diese Einweihung darin, für drei Tage seinen äußeren Körper zu verlassen, der dann wie tot auf einem Steinblock liegt, während man mit den feinstofflichen Körpern in andere Bewusstseinsebenen reist, um anschließend wieder in den physischen Körper zu kommen und diesen wieder zu beleben. Da dies keine ungefährliche Angelegenheit ist, wird der Einweihungskandidat während dieser Prozedur von anderen Meistern überwacht, die selbst die Beherrschung dieser Fähigkeiten erlangt haben.

Es wird gesagt, dass dies der eigentliche Zweck der Cheopspyramide gewesen ist, die in früheren Zeiten auf ihrer Spitze eine Art Antenne für kosmische Energien in Form einer goldenen Pyramide hatte. Diese hochfrequente Schwingung wurde in der Mitte der Pyramide in der Königskammer gebündelt, von der heute wissenschaftlich nachgewiesen ist, dass ihre Position eine lebensenergiespeichernde Funktion aufweist. Der gesamte Komplex um die drei Pyramiden herum gilt unter der Leitung des Meisters Seraphis Bey als Zentrum der Weißen Bruderschaft, in dem spezielle Trainings für den Aufstieg des Bewusstseins in höhere Seinsebenen gegeben werden, wozu letztendlich auch die Fähigkeit gehört, seinen physischen Körper in reines Licht zu verwandeln und dann in seine feinstofflichen Körper aufzusteigen. Jesus hat bei der in der Bibel berichteten Verklärung ein Beispiel für die Transformation seines Körpers in reines Licht gegeben und durch seine Himmelfahrt den Menschen gezeigt, dass es wirklich möglich ist, die irdische Hülle bei vollem Bewusstsein und ohne die Erfahrung des Todes zu verlassen. Eigentlich müsste Himmelfahrt in der Kirche ein ebenso bedeutendes Fest sein wie seine Geburt, doch ist wohl für das Phänomen des Aufsteigens in der heutigen Kirchenlehre noch weniger eine einleuchtende Erklärung zu finden als für das Wunder einer jungfräulichen Geburt.

Wenn man sich die Prozedur der in der Cheopspyramide gegebenen Einweihung näher ansieht, fällt auf, dass der Verlauf dem Geschehen bei der Kreuzigung sehr ähnelt. „Gestorben, hinabgestiegen in das Reich der Toten, am dritten Tage auferstanden von den Toten." Das Glaubenbekenntnis der Katholischen Kirche entspricht ziemlich genau den Ereignissen dieser

Einweihung, jedenfalls aus der Sicht eines Unwissenden, für den der verlassene Körper der eines Toten ist und für den die feinstofflichen Regionen eben das Reich der Toten sind, weil er sich keinen anderen Zugang zu diesen Ebenen vorstellen kann. Dies alles gibt doch Anlass dazu, die Bedeutung der Kreuzigung einmal aus einem anderen Licht zu betrachten. Wozu braucht das göttliche ALLES-WAS-IST das blutrünstige Drama einer Hinrichtung, um den Menschen Jesu Botschaft von Liebe, Frieden und Brüderlichkeit näher zu bringen? Dafür, dass der Tod nicht das Ende des Lebens ist, gab es schon in anderen, zur damaligen Zeit verbreiteten Lehren genügend Bestätigungen. Das Wissen um die Reinkarnation war Bestandteil aller Religionen, auch der frühen christlichen, worauf auch die Antwort von Jesu Jüngern auf seine Frage „Für wen halten die Leute mich?" „Die einen für Elia, die anderen für einen anderen der Propheten" hindeutet. Dass sein Kreuzestod keiner Generalabsolution aller Sünden gleichkommt, dürfte durch die oben beschriebene Wirkungsweise der Elementarenergien deutlich geworden sein. Dass er trotzdem viel zur Befreiung der Menschheit getan hat, steht außer Frage, ist jedoch gänzlich unabhängig von dem Geschehen der Kreuzigung.

Sowohl Charles W. Leadbeater als auch Seth stellen die Behauptung auf, dass Jesus gar nicht am Kreuz gestorben ist, sondern dass es sich hierbei um einen Irrglauben handelt, der durch die Jahre hinweg so viel Energie bekommen hat, dass er sich als Energiemuster selbst in der Akashachronik abgesetzt hat, die vielfach zur Rekonstruktion der wahren Lebensgeschichte von Jesus bemüht wird. Die Akashachronik ist eine Art Supergedächtnis für alle auf der Erde produzierten Energiemuster, worunter sich Handlungen und Worte ebenso befinden wie Gedanken und Gefühle. In diese Aufzeichnungen Einblick zu bekommen, ist eine Sache, sie klar zu erkennen und richtig zu deuten, eine andere. So könnte es durchaus sein, dass Leadbeater mit seiner Darstellung richtig liegt, dass einer der Mönche die damals kursierenden Geschichten um Jesus der Eindringlichkeit wegen mit einer der zahlreichen Kreuzigungsszenen, die damals gang und gäbe waren, vermischt hat, und dass dies dann zum Urtext wurde, auf dem alle Evangelien beruhen. Die Besonderheiten des Johannes Evangeliums sollen ebenfalls auf eine Verquickung der Geschichte Jesu mit einem wesentlichen älteren, sehr bedeutungsvollen mystischen Lehrtext zurückzuführen sein. Doch auch wenn Jesus am Kreuz gestorben sein sollte, ist es klar, dass er durch seine vorangegangene Ausbildung durchaus in der Lage war, seinen Körper zu verlassen und ihn trotz größerer Wunden wieder zum Leben zu erwecken. Es ist anzunehmen, dass er dabei sein Bewusstsein so ausrichten konnte, dass er keine stärkeren Schmerzen gespürt hat. Selbst einfache Straßenfakire sind zu derartigen Leistungen fähig, und Jesus hatte eine besondere Schulung in den Yogawissenschaften. Eine plausible Darstellung der Kreuzigung findet sich in den der Akashachronik entnommenen „Essener Erinnerungen".

Nachdem Jesus in Ägypten seine Ausbildung beendet hatte, begann seine öffentliche Lehrtätigkeit als Bote des göttlichen ALLES-WAS-IST. Zu diesem Zeitpunkt war sein Bewusstsein aufs engste mit dem seines geistigen Lehrers Maitreya verbunden, der innerhalb der Weiße Bruderschaft zur damaligen Zeit als Schirmherr für die geistige Unterweisung der Menschen tätig gewesen ist. Sein Name Maitreya bedeutet soviel wie „Herr der Liebe und des Mitgefühls", der Buddha Maitreya erfährt im Buddhismus größte Verehrung. Die tiefere innere Verbindung mit ihm war einer der Gründe für Jesu längeren Aufenthalt im Orient. Jesus war ohne negatives Karma, das eine Verkörperung für ihn notwendig gemacht hätte, auf die Welt gekommen, und dadurch wurde es ihm möglich, bereits mit 30 Jahren vollständig mit seinem Höherem Selbst zu verschmelzen, so dass sein menschlicher Körper zu einem vollkommenen Werkzeug für sein Höheres Selbst wurde. Darum wurde er Jesus, der Christus, genannt, der, der das Christusbewusstsein als permanenten Zustand erlangt hat. Christus ist also nicht der Name einer bestimmten Persönlichkeit, sondern die Bezeichnung für ein sehr hohes Maß an Selbst- und Gottesverwirklichung, indem der irdische Mensch mit dem Christusgeist eins wird, genauso wie der Ausdruck Buddha die östliche Bezeichnung für die Erlangung dieses Bewusstseinsgrades und nicht der Nachname von Gautama ist.

Potenziell ist es jedem Menschen möglich, das Christusbewusstsein zu erlangen; es ist eine Frage der Energieausrichtung und des Bemühens um ein konstruktives Leben. Ebenso wie all die anderen großen Lehrer vor ihm hat Jesus durch sein Dasein dem energetischen Gedächtnis der Erde ein Muster für eine solche spirituelle Entwicklung eingeprägt. Dadurch wird es für alle Menschen leichter, ihm auf diesem Weg zu folgen, denn, wie mittlerweile wissenschaftlich belegt ist, ist es leichter, einen Prozess zu wiederholen, als ihn zum ersten Mal zu strukturieren. (Wenn zum Beispiel ein Affe ein bestimmtes Kunststück gemeistert hat, das kein anderer vorher beherrscht hat, gelingt es anderen Affen plötzlich auch, das Kunststück durchzuführen, auch wenn sie keinerlei Sichtkontakt zueinander gehabt haben.) Das gilt für lernende Affen genauso wie für die Bewusstseinserweiterung der menschlichen Rasse.

Wenn in esoterischen Schriften von der Wiederkehr Christi gesprochen wird, ist damit nicht Jesus gemeint, sondern das Christusbewusstsein. Jesus hat durch seine Mission die Erde mit darauf vorbereitet, dass jetzt, 2000 Jahre später, der Planet einen entscheidenden nächsten Schritt in seiner Evolution vollziehen kann - den Übergang in höhere Dimensionen. Diese Entwicklung bedingt für einen harmonischen und sanften Übergang einen Ausgleich der destruktiven Energien, die sich im aurischen Feld der Erde angesammelt haben, und deren schädigende Wirkungen auf die Atmosphäre wir überall beobachten können. Darum ist die Anwesenheit des Christusbewusstseins die gelebte Erkenntnis von der tiefen Verbundenheit allen Lebens; das Wissen um die Einheit, die sich in der Vielfalt ausdrückt, ist für die heutige Zeit sehr wichtig. Diesmal genügt nicht ein leuchtendes Einzelexemplar; was benötigt wird, ist eine größere Gruppe von Individuen, die die Energie des Christusbewusstseins in sich verankert haben und in diesem Geist vereint handeln.

In der Quantenphysik ist man sich der Bedeutung der unsichtbaren energetischen Strahlung sowie der Auswirkung ihrer Ausrichtung auf die Zusammensetzung unserer Materie bewusst geworden: Die Art und Weise, wie man ein physikalisches Experiment beobachtet, hat durch die dabei entstehenden Gedankenwellen einen Einfluss auf das Ergebnis des Experiments.

Eine veränderte Strahlungs-(Schwingungs-) qualität bewirkt eine veränderte Zusammensetzung der Materie. Somit bedeutet das Eintauchen in eine höher schwingende Energiequalität einen Prozess, dessen Geburtswehen wir gerade durchlaufen, und eine Veränderung der molekularen Struktur allen Lebens auf der Erde, vom Mineral bis zum Menschen. Da dies ein so umfassender und umwälzender Vorgang ist, sind von der Weißen Bruderschaft in Koordination mit höheren Ebenen viele zusätzliche Maßnahmen getroffen worden, um uns zu unterstützen und zu helfen, damit sich der Übergang nicht so dramatisch und katastrophal gestaltet, wie dies auf Grund des angesammelten destruktiven Energiepotenzials zunächst vorausgesagt worden ist. Jesus ist an dieser inneren Arbeit ebenso aktiv beteiligt wie früher, wenn er auch nicht mehr im Blickpunkt der Öffentlichkeit steht. Manchmal wird die Wiederkehr des Christusbewusstseins auch als das erneute Erscheinen von Maitreya bezeichnet, weil dieser zur Zeit von Jesu öffentlichem Auftreten der Geist hinter seinem Wirken war. Dass Maitreya sich als Mensch verkörpert, um dann durch die Medien als neuer Weltenlehrer zu wirken, wie es manche Lehren propagieren, scheint mir sehr unwahrscheinlich.

Die Fähigkeiten, eine solche Mission zu erfüllen, wie Jesus es getan hat, erwirbt man nicht von heute auf morgen. Selbst wenn man als reine und von energetischen Verstrickungen unbelastete Seele in einen Körper kommt, braucht es einiges an Erfahrung, bis man sich den irdischen Bedingungen so angepasst hat, dass man hier auch effektiv wirken kann. So ist es nur logisch, dass die Wesenheit, die sich in der Person Jesu verkörpert hat, schon früher auf der Erde inkarniert war, um zu lernen und Einsichten zu sammeln. Es heißt, eines seiner Leben war das des Joshua, der uns dadurch bekannt ist, dass er mit Hilfe von Tonschwingungen die Mauern von Jericho zum Einsturz brachte. Eine seiner späteren Inkarnationen war Apollonius von Tyana, ein Meister der Weisheit.

Es kommt immer wieder vor, dass Menschen der festen Meinung sind, sie wären in ihrem früheren Leben Jesus oder sonst eine herausragende Persönlichkeit gewesen. Das ist natürlich sehr unwahrscheinlich, doch gibt es eine verständliche Erklärung für derartige Überzeugungen. Wie Penny McLean in ihrem Badewannenmodell sehr anschaulich verdeutlich hat, wird jede Persönlichkeit nicht nur aus einer Quelle gespeist. Wenn wir uns unsere Seele als eine mit Wasser gefüllte Badewanne vorstellen, so wird eine irdische Inkarnation zu 90 % mit dem Wasser aus einer bestimmten Wanne gefüllt, die restlichen Anteile können jedoch aus ganz anderen Badewannen stammen. Es wäre also denkbar, dass jemand vielleicht zu einem Prozent mit Wasser aus einer Wanne versehen ist, aus der auch das Wasser für die Persönlichkeit „Jesus" genommen wurde. Über diese Verbindung zur anderen Badewanne hat die irdische Persönlichkeit nun die Möglichkeit, im Unterbewusstsein Signale aus den „Erinnerungen" von Jesus aufzufangen, die durch ein trübes Wachbewusstsein dann als die eigenen ausgelegt werden könnten. Es kann natürlich auch sein, dass die Person schlicht einem Selbstbetrug erlegen ist und sich durch eine Fixierung auf Jesus (fixe Idee) eine Scheinrealität als Gedankenform erschaffen hat. In jedem Fall ist bei der Erwähnung von andere Leben einer bestimmten Person immer zu berücksichtigen, dass es keine „reinen" Inkarnationen gibt, sondern fast immer Vermischungen stattfinden. Das gilt auch für die früheren Leben von Meistern, die in ihrer Vorgeschichte zwar oft erstaunliche Leistungen in der einen oder anderen Richtung erbracht haben, doch alles andere als perfekte Heilige waren.

Die „bunte Mischung", aus der sich eine Persönlichkeit zusammensetzt, erklärt auch die manchmal erstaunliche Wandlungsfähigkeit von Menschen. Sobald innerhalb der Person eine neue Ausrichtung (Fokussierung) den Ton angibt, werden andere Anteile im Menschen aktiv oder dominanter. Ist der aufrichtige Entschluss zu einer Veränderung erst einmal gefasst, stehen neue Türen für die weitere Entwicklung offen. Deshalb gibt es keine ausweglosen Situationen, die uns durch unsere Umwelt aufgezwungen werden könnten, es sind immer nur die Mauern im Inneren, die uns den Weg versperren.

Da zur damaligen Zeit nur wenige Menschen aufnahmebereit waren für das, was Jesus an Lehren alles zu geben hatte, ist auch heute nur ein geringer Prozentsatz dieses Wissens in das Alltagsbewusstsein der Menschen eingedrungen. Ein Teil der unbekannten Lehren ist mit der Entdeckung der Schriftrollen vom Toten Meer den Menschen wieder zugänglich gemacht worden, wenn darunter auch viele Fälschungen sind, die damals zur Sicherheit angefertigt wurden. Um den Zugang zu dem wahren Wissen nicht in die Hände Unbefugter fallen zu lassen, die damit viel Schaden hätten anrichten können, wurden bestimmte Schriften verfälscht und mit Zeichen versehen, die nur Eingeweihten bekannt waren. Man kann annehmen, dass die Entschlüsselung der Dokumente auch unter den heutigen Forschern viel Verwirrung stiften wird. Einen direkten Zugang zu diesem Wissen bieten die geistigen Lehrer, die sich in unserer Zeit um die Verbreitung der Lehren Jesu bemühen, wie etwa Daskalos.

Daskalos

Daskalos, was im Griechischen soviel wie Lehrer bedeutet, hieß mit bürgerlichem Namen Stylianos Atteshiis und wurde erst als Großvater durch die Bücher von Kyrianos C. Markides (u. a. „Der Magus von Strovolos") einer größeren Öffentlichkeit bekannt. Geboren am 12. Dezember 1913 und gestorben Ende August 1995, führte er mit seiner Frau, seinen zwei Töchtern, drei Enkeln und drei Urenkeln von außen gesehen ein gewöhnliches Leben: Auf Zypern zur Welt gekommen, erhielt er dort und im Ausland seine Ausbildung (er studierte Geisteswissenschaften), später arbeitete er viele Jahre lang in der staatlichen Druckerei von Nikosia. Danach lebte und wirkte er einige Zeit in Afrika, bis er wieder nach Zypern zurückkehrte. Bereits in jungen Jahren dichtete er und bis ins hohe Alter malte er Bilder, er liebte klassische Musik (insbesondere Beethovens Symphonien), komponierte selbst und begeisterte sich für Kakteen, von denen er eine einzigartige Sammlung hatte. Auch in der EOKA, einer von den Kirchen unterstützten Untergrundorganisation (1955-59) gegen die britische Kolonialmacht, und im Nationalitätenkrieg zwischen Griechen und Türken, der 1963 ausbrach, spielte er seine Rolle, die darin bestand, möglichst viel Blutvergießen zu vermeiden. Wodurch sich sein Leben abhob von seiner Umgebung und was ihm in der örtlichen Gegend den Ruf eines bedrohlichen Magiers einbrachte, war sein enger Kontakt zur Weißen Bruderschaft, der schon in seiner Kindheit bestand, die nicht leicht war.

Daskalos' außergewöhnliche Fähigkeiten auf den unsichtbaren Ebenen und seine jugendliche Naivität und Forschungsbegeisterung führten zu Phänomen, die von Unwissenden nur als Zauberei gedeutet werden konnten. Doch er wurde auch für seine Heilungen bekannt, und aus der gebildeteren Schicht der Bevölkerung waren später mehrere Mitglieder in seinen „Kreisen zur Wahrheitsforschung" zu finden. So sollte Daskalos in seinen Vierzigern auf Betreiben mehrerer griechischer Theologen exkommuniziert werden, was aber durch den Erzbischof der griechisch-orthodoxen Kirche verhindert wurde, da dieser selbst regelmäßig Tonbandaufnahmen mit Gesprächen und Botschaften von Daskalos erhielt. Die Zirkel zur Wahrheitsforschung standen unter der Schirmherrschaft der Weißen Bruderschaft, und Daskalos diente als Sprachrohr für die Belehrungen der Meister, zu denen vor allem Yohannan, der ehemalige Jünger Jesu und Evangelist Johannes, und Hilarion gehörten.

Hilarion war in seiner früheren Inkarnation der heilige Paulus und lebt heute im Sudan. Er kann seinen Körper nach Belieben materialisieren und dematerialisieren, wie es das Vorrecht der großen Meister ist. Daskalos wurde von ihm in seinem materiellen Körper besucht, als Hilarion an verschiedenen Gebieten der Insel Talismane platzierte. Er aß mit ihm und seiner Frau zu Abend und dematerialisierte sich dann wieder (Diese Episode erinnert an das Erscheinen von Jesus nach seiner Auferstehung und vor seiner Himmelfahrt). Hilarion unterrichtet alle, die eine Berufung als Heiler haben, und unterstützt im Besonderen beim Erkennen der Wahrheit. Yohannan ist ein Meister der Weisheit und beantwortete oft die Fragen, die den Zirkelmitgliedern auf der Seele lagen. Bereits mit sieben Jahren gab Yohannan Daskalos die sieben Versprechen als Richtschnur für die spirituelle Vollendung. Da sie zeitlose Gültigkeit besitzen und Daskalos zeitlebens sehr am Herzen lagen, ist hier der volle Wortlaut wiedergegeben:

Ich gelobe mir selbst,
allezeit und allerorten dem Absoluten zu dienen,
dem ich aus ganzem Herzen angehöre;
allezeit und allerorten bereit zu sein,
dem göttlichen Plan zu dienen;
die göttlichen Gaben von Gedanken und Wort allezeit,
allerorten und unter allen Umständen wohl zu gebrauchen;
geduldig und ohne Klage mich allen Formen von Prüfungen
und Drangsal zu fügen, die das göttliche Gesetz in seiner
Weisheit mir auferlegen mag;
meine Mitmenschen zu lieben und ihnen zu dienen, aufrichtig
und aus der Tiefe meines Herzens und meiner Seele,
ganz gleich, wie sie sich mir gegenüber verhalten mögen;
täglich mich in das Absolute zu versenken und in die Stille zu
gehen mit dem Ziel, meine Gedanken, Wünsche und Taten
ganz auf Seinen göttlichen Willen einzustellen;
jeden Abend zu untersuchen und zu prüfen, ob all meine Ge-
danken, Wünsche, Worte und Taten in absoluter Harmonie mit
dem göttlichen Gesetz stehen.

Viele Besucher erhofften sich von einer Konsultation Daskalos' eine Besserung ihrer Krankheiten, doch Daskalos hat immer darauf hingewiesen, dass er nicht wahllos jeden Menschen heilen kann, sondern nur Mittler für die göttliche Energie ist, und dass Gottes Wille geschieht, und nicht der des Menschen. Wie im letzten Kapitel beschrieben, kann eine Heilung nur erfolgen, wenn die betreffende Person dafür karmisch bereit ist, also ihre Lektion aus der Krankheit gelernt hat. Daskalos wies oft darauf hin, dass der überwiegende Teil der Menschen seine ätherische Vitalität erschöpft, die sich durch unsere Atmung, durch Meditation, Ruhe und vitalstoffreiche Nahrung aufbaut. Der Stress unseres unruhigen Lebens führt zu Ermüdungs- und Erschöpfungszuständen, die Ursache für viele unserer Leiden sind.

Daskalos arbeitete in der Tradition der Essener auf der Grundlage des Neuen Testaments und des Lebens und Wirkens von Jesus, doch er kannte sich auch in der Kabbala und dem Koran so gut aus, dass er seine Heilungsmethoden dem jeweiligen Glauben seiner Mitmenschen anpassen konnte. Darüber hinaus verfügte Daskalos über ein enormes praktisches Wissen, da er die Gesetzmäßigkeiten des Kosmos aus eigenen Erfahrungen studiert hatte. Er war in der Lage, sich seiner feinstofflichen Körper bewusst zu bedienen und so die höherschwingenden psychischen und noetischen Welten zu erforschen. Um seine Begriffswelt anschaulicher zu machen, folgt ein Diagramm der verschiedenen Ebenen entsprechend seiner Lehre. Dieses Schema ist nur ein Hilfsmittel, um eine einheitliche Definitionsgrundlage zu gewährleisten, es ist keine exakte wissenschaftliche Darstellung oder Beobachtung.

Welt der Urbilder

Zustand der ungeäußerten
Formen und reinen Prinzipien

Ebene jenseits der Trennung

Heilige Monade
(Tropfen aus dem Urmeer
der Absoluten Seinsheit)

noetische Welt
(von noùs-Verstand)
unterteilt in höhere
und niedere Ebenen

Reich der Gedanken

noetischer Körper

psychische Welt
(Gefühlswelt)
bestehend aus 7 Ebenen
mit je 7 Unterebenen

Reich der Emotionen

psychischer Körper

Welten der Trennung

grobstoffliche Welt
(materielle Welt)

Pneuma: ewiger,
unveränderlicher
Wesenskern mit dem
permanenten Atom

ätherische Doppel
der einzelnen Körper,
sie bilden die Verbindung
zwischen den Körpern

grobstofflicher Körper

Wenn hier die einzelnen Ebenen der Anschaulichkeit halber übereinander dargestellt sind, ist es sehr wichtig zu beachten, dass sie sich in Wahrheit ebenso durchdringen wie die einzelnen Körper. Alle Welten befinden sich in unserem Raum, wenn auch jede Ebene eine andere Ausdehnung und einen veränderten Zeitbegriff hat. Man kann sich das vorstellen wie bei einem Radioempfänger: Die einzelnen Sender sind immer vorhanden, doch je nachdem, wie wir unseren Empfänger einstellen, nehmen wir nur die Ausstrahlungen eines bestimmten Programms wahr, und es kommt uns so vor, als wären die anderen Programme gar nicht da, obwohl ihre Sendewellen ununterbrochen durch unser Zimmer laufen. Der physische oder grobstoffliche Körper ist unser Werkzeug auf der irdischen Ebene, der psychische Körper unser Werkzeug oder Ausdrucksvehikel auf der psychischen Ebene und der noetische Körper unser Vehikel auf der noetischen Ebene. Fortgeschrittene Wesen wie Daskalos sind in der Lage, je nach Situation diese Körper unabhängig voneinander bewusst zu benutzen, ein Vorgang, den Daskalos Exosomatose nennt. Dies ermöglicht ihm, an mehreren Orten zur gleichen Zeit zu wirken und die Grenzen unserer irdischen Wahrnehmung zu überschreiten. Im Schlaf und nach dem Tod bewegen sich alle Menschen in ihren feinstofflichen Körpern in den psychischen oder noetischen Welten, doch geschieht dies meist ohne Erinnerung daran im Wachbewusstsein und ohne dass wir diese Fähigkeit im Alltag willentlich nutzen und steuern könnten. Wenn wir diese Eigenschaften irgendwann in unserem Dasein erwerben, bleibt uns das Wissen darum in weiteren Verkörperungen erhalten, wie an Daskalos Enkel deutlich wird, der schon mit zwei Jahren mühelos aus seinem Körper treten konnte, um mit seinem Opa auf Reisen zu gehen.

Die einzelnen Ebenen haben je nach Lehre und Tradition verschiedene Namen: So ist die psychische Ebene den meisten als Astralwelt geläufig und der dazugehörige Körper als Emotionalkörper. Die noetische Welt wird meist Mentalebene genannt, die höhere noetische Welt wird mitunter auch als separierte Ebene betrachtet und trägt dann die Bezeichnung Kausalebene. Daskalos verwendet die Bezeichnung kausaler oder mentaler Zustand für die Bereiche, in denen die Trennung überwunden ist und die Verbindung mit der Monade wiedererlangt wurde. Das ist der Prozess des Einswerdens mit dem Höheren Selbst, der die Erlangung des Christusbewusstseins beinhaltet. Das ist der Zielpunkt der menschlichen Entwicklungslinie, doch nicht das Ende der Entwicklung überhaupt. Jenseits der Welt der Urbilder liegen noch weitere Welten, doch der Mensch hat keinen Einblick in diese Reiche, bis er nicht seine Entwicklungsrunden abgeschlossen hat und so in neue Stufen des Bewusstseins eintauchen kann. Genau wie wir eine Zeit brauchen, um mit unserem physischen Körper umgehen zu können und uns in der materiellen Welt zurechtzufinden, dauert es eine Weile, bis wir unsere feineren Körper handhaben können. Die feinstofflichen Welten der psychischen und noetischen Ebene sind gleichfalls gewöhnungsbedürftig und für unerfahrene Besucher zudem gefährlich. So wie wir hier langsam lernen, mit den Gefahren der grobstofflichen Welt umzugehen, müssen wir auch in den anderen Welten durch erfahrene Lehrer trainiert werden. Meister haben die Aufgabe übernommen, den dafür reifen Schülern die notwendige Begleitung zu geben, um eine sichere und harmonische Entfaltung zu gewährleisten. Die dafür nötigen Voraussetzungen lernt der Schüler durch die Herausforderungen der materiellen Ebene. Es hat also keinen Zweck, sich selbst auf die Suche nach einem Lehrer für den bewussten Übergang in andere Seinsebenen zu machen, wenn man nicht die dafür erforderlichen Eigenschaften erworben hat. Ist ein Wesen für solche Unterweisungen bereit geworden, zeigt sich dies an der Ausstrahlung seiner Körper, und es wird dann der geeignete Lehrer in seiner Umgebung erscheinen.

Das Wissen um die psychischen und noetischen Welten (zusammengefasst in dem Begriff psychonoetische Welten) ist sowohl für unsere Rückkehr ins Einssein als auch für unser Dasein in der Alltagswelt von prägender Bedeutung. In den psychonoetischen Welten, die unser Sein durchdringen, befinden sich die Elementarenergien(Elementale), die durch die Ausrichtung unserer Gedanken, Gefühle und Handlungen geschaffen wurden. Von unserer eigenen Einstellung hängt es ab, welche dieser Energien wir in unsere Aura ziehen und aufnehmen. Es liegt also in unserer eigenen Verantwortung, ob wir uns mit unterstützenden oder schädigenden Energieimpulsen umgeben. Wir sind nicht so sehr die Opfer unserer Umgebung, wie es uns die Sozialwissenschaften und unser Hang zum Selbstmitleid vielleicht glauben lassen wollen, sondern in der Tat unseres eigenen Glückes Schmied. Statt zur Befriedigung eines niedrigen egozentrischen Wunsches unbewusst zügellos eine unbegrenzte Anzahl niedrig schwingender, starker Elementale zu schaffen, die dann unser Leben durch ihre ständigen Impulse immer weiter in der materiellen Ebene verstricken, ist es sinnvoll, vermehrt höherschwingende unterstützende Elementale zu kreieren, die unser Umfeld reinigen und Umstände bewirken, die der allgemeinen Entwicklung dienen. Dazu ist es angebracht, das Denken dem Wünschen voranzustellen, um so erstens den eigenen Umgang mit den beeinflussenden Reizen unserer Umwelt besser kontrollieren zu können, und zweitens die Ausrichtung unserer Absicht bewusst zu gestalten. Selbstbeobachtung und Erforschung der eigenen Motivation sind hier der Schlüssel zur Erkenntnis, denn sehr leicht strahlen wir unbewusst einen Energieimpuls aus, den wir mit dem Alltagsbewusstsein gar nicht wahrnehmen.

Da die feinstofflichen Welten aber auf den Energieimpuls reagieren, den wir durch unsere energetischen Muster aussenden (denn der ist in diesen Welten so real wie ein Auto, das aus der Garage kommt) und nicht auf das achten, was wir oberflächlich daherreden, ohne es im Innersten zu meinen, kommt im täglichen Leben das auf uns zurück, was wir vielleicht nicht gewollt, doch durch unser gesamtes Sein ausgestrahlt haben. Wer das verinnerlicht hat, wird das Gebot der Wahrhaftigkeit nie mehr unterschätzen, denn nur wenn unsere Worte und Taten mit unseren innersten Gefühlen und Gedanken übereinstimmen, können wir im Sinne eines erfüllten, glücklichen und entwicklungsmäßig erfolgreichen Lebens unser Dasein gestalten. Aus diesem Grund empfahl Daskalos die tägliche Selbsterforschung,– nicht, um sich wieder einmal zu beweisen, wie unzulänglich man ist, sondern um sich selbst besser kennen zu lernen und sich nicht selbst über die wahren Sachverhalte in die Tasche zu lügen. Die daraus gewonnenen Erkenntnisse sind unter Umständen zunächst schmerzhaft, doch immer hilfreich, denn nur der Fehler, der erkannt ist, kann auch behoben werden. Da es hierbei um das Ausrotten von lang antrainierten Verhaltensmustern geht, sollte niemand Wunder oder Veränderungen erwarten, die über Nacht kommen. Was zählt, ist der feste Wille und das ernsthafte Bemühen, nicht das Scheitern. Alle Meister wissen um die Schwierigkeiten in der Umprogrammierung der eigenen Persönlichkeit und haben viel mehr Verständnis dafür, als wir mitunter für uns haben. Allerdings warten sie eben darum auch mit ihren weiterführenden Unterweisungen, bis die Ausrichtung auf die lebensunterstützenden Energien ein gewisses Maß an Stabilität erreicht hat.

Daskalos arbeitete eng mit den Erzengeln zusammen, denn sie strömen jene Elementale aus, die uns bei allen aufbauenden Prozessen unterstützen: die Engel. Elementale, also auch die Engel, sind nach Daskalos keine ewigen Wesen, doch besitzen sie eine Gestalt und eigenes Leben, unabhängig von dem, der sie ausgesandt hat. Erzengel sind dagegen ebenso wie wir ewige Wesen. Die Namen wie Gabriel und Michael bezeichnen dabei nicht einzelne Engel, sondern eine ganz bestimmte Gruppe von Erzengeln, die eine ganz bestimmte Seinsqualität des göttlichen ALLES-WAS-IST repräsentieren. Elementale, also die Energieformen, die wir aussenden, sind der Ausdruck unserer Schöpferkraft, es ist die Eigenschaft, die uns zu Mitschöpfern des Universums macht, ob nun bewusst oder unbewusst, aufbauend oder zerstörerisch. Jeder kann selbst sehen, welche unbewussten Elementale er in seiner Lebenswelt gestaltet, denn der Alltag ist der Spiegel für die Kräfte, die wir ausstrahlen. Auch Menschen können lernen, unterstützende Engelelementale zu erschaffen, wie das die Erzengelränge ununterbrochen tun. So mancher Mensch hat durch intensive gute Wünsche schon zum Schutzengel eines anderen beigetragen. Negative Elementale, die man durch Innenschau und Selbstanalyse bei sich entdeckt hat, können desintegriert werden, indem man die Energie von dieser Gedankenform abzieht und sich auf etwas anderes konzentriert. Wer versucht, dagegen anzukämpfen, gibt der Sache hingegen nur weiter energetisches Futter. Eine unerwünschte Eigenschaft kann man nur loswerden, indem man sich nicht mehr dafür interessiert, weil man ihre Schädlichkeit oder Unwichtigkeit eingesehen hat. So wie es für uns kein Opfer mehr bedeutet, nicht mehr den ganzen Tag mit Plastikfiguren zu spielen, weil wir das Interesse an ihnen verloren haben, kann man mit fortschreitender Entwicklung auch an anderen Dingen das Interesse verlieren, weil sie einfach unbedeutend werden. Sexuelle Impulse verliert man auch nicht, indem man sich krampfhaft bemüht, sie zu unterdrücken.

Zu welch fatalen Folgen eine solche Herangehensweise führt, ist in den letzten Jahrzehnten immer offensichtlicher geworden. Wer ein normales und natürliches Sexual- und Liebesleben hat, ist in seinem Bewusstsein nicht dauernd davon eingenommen, wie die vielen dümmlichen Sexfilme unerfahrenen Heranwachsenden glauben machen wollen. Der Geschlechtsakt hat seinen Platz im Leben wie alles andere auch, und weder eine Verdrängung noch eine Überbetonung der sexuellen Komponente können zum Lebensgleichgewicht und zur Erlangung eines erweiterten Bewusstseins beitragen. Offensichtlich sind eine Ehe und das Zeugen von Kindern kein Hinderungsgrund für spirituelle Einweihungen, wie nicht nur an Daskalos deutlich wird. Vielmehr bieten die alltäglichen Herausforderungen im Eheleben zahlreiche Wachstumsmöglichkeiten, und wer Kinder in die Welt setzt, wird ganz von selbst irgendwann anfangen, sich über die aufbauenden Kräfte des Lebens Gedanken zu machen und seine Einstellung von „ich" auf „wir" zu erweitern.

Nach der Veröffentlichung der Bücher über ihn erlebte Daskalos einen Besucheransturm aus aller Welt. Busladungen neugieriger Touristen wurden vor seinem Haus ausgeschüttet, der Garten nach Souvenirs geplündert. Diese Form der Beweihräucherung hatte Daskalos lange versucht zu vermeiden, er wollte kein neuer Guru sein: „Wir brauchen uns nicht auf sogenannte Meister zu verlassen, weil es keinen größeren Meister gibt als das Leben selbst." Daskalos gab zweimal die Woche in Strovolos auf Zypern allgemeine Unterweisungen in englischer Sprache, seine Tochter Panayiota Atteshiis Theotoki leitete die wöchentlichen öffentlichen Meditationen und Heilungen. Alle Veranstaltungen waren kostenlos, gemäß Matthäus 10:8 „Du empfängst kostenlos: Gib, ohne zu verlangen." Was als Geschenk von der geistigen Welt kommt, sollte nach Daskalos Ansicht auch kostenlos weitergegeben werden. Er riet dazu, sein Einkommen durch eine reguläre Arbeit zu verdienen und einen Teil seiner Freizeit dem Dienst am Nächsten zu widmen, denn solange es noch leidende und unglückliche Menschen auf der Welt gibt, war seiner Ansicht nach noch viel zu tun. Aus diesem Grund hat er weltweit über hundert Kreise von Wahrheitsforschem eingerichtet, die von gut ausgebildeten Lehrern geleitet werden, die unter der Führung seines Inneren Kreises stehen. Viermal in Jahr trafen sich diese Zirkelleiter auf Zypern, wo Daskalos sie an verschiedenen schönen Plätzen unterrichtete.

Daskalos hielt seine Lektionen am liebsten im Freien ab, so wie Jesus unter den Ölbäumen gelehrt hat: „Man braucht keine großen Hallen, was man braucht, sind die Inhalte." Daskalos war auf den meisten Abenden seiner weltweiten Zirkel anwesend; wie oben erläutert, war er durch die Beherrschung seiner feineren Körper in der Lage, die irdischen Grenzen von Raum und Zeit zu überwinden. Auf diese Art behielt er den Entwicklungsstand der einzelnen Gruppen im Auge. Durch die Arbeit in der Gruppe werden nach Daskalos' Ansicht die Erforschung der Wahrheit und die Selbstbeobachtung gefördert und so das Selbst geschliffen. Ziel seiner Meditationsübungen war immer wieder das Überwinden von Hass und das Erlernen der Nächstenliebe. Physische Kräfte wie die Beherrschung der feineren Körper sollten zum Wohl der Allgemeinheit genutzt werden, denn der Dienst am Nächsten fließt mit dem Pfad der Wahrheitsforschung zusammen. Arbeit an sich selbst durch Innenschau, Selbstkorrektur und Meditation ist notwendig, um die menschliche Ausdrucksform unseres wahren göttlichen und vollkommenen Seins zu verbessern und so unserer Mitwelt wirklich helfen zu können.

No-Eyes

Geistige Lehrer der Weißen Bruderschaft sind in allen Kulturen und zu allen Zeiten auf der Erde. Da sie sich in der Regel um ein unauffälliges Verhalten bemühen, um ungestört ihrer spirituellen Arbeit nachgehen zu können, werden nur wenige der breiten Öffentlichkeit bekannt. Ihren zukünftigen Schülern geben sie sich durch unzweifelhafte Hinweise auf ihre geistige Stellung zu erkennen, wodurch sehr oft ein über mehrere Leben bestehendes Ausbildungsverhältnis wieder aufgenommen wird. Jeder Mensch hat entsprechend seiner Mentalität und Veranlagung einen eigenen Zugang zum geistigen Wissen, eine Form, die seinem Wesen am nächsten steht. Ein wirklich Wissender, dem die Informationen der höheren Ebenen zur Verfügung stehen, kann an der Aura erkennen, wo ein Schüler in seiner Ausbildung stehen geblieben ist und welche Aspekte des göttlichen ALLES-WAS-IST in diesem Leben eine besondere Betonung erfahren sollten, um seine Entfaltung abzurunden und im Gleichgewicht zu halten. In der Regel gibt es eine Tendenz dazu, das in früheren Leben erworbene spirituelle Wissen im aktuellen Leben wieder aufzugreifen und fortzusetzen. Dabei kann es leicht passieren, dass man sich auf den Lorbeeren der vergangenen Leben ausruht, da die schon erworbenen Fähigkeiten relativ leicht zu reaktivieren sind und es dadurch den Anschein haben kann, als hätte in dieser Inkarnation ein ungeheurer Fortschritt stattgefunden. Mitunter wird mit den Qualitäten früherer Verkörperungen auch ein Bedürfnis nach den damaligen Umständen wachgerufen, wie zum Beispiel der Wunsch aufkommen kann, sich von der Welt abgeschieden an einen einsamen Ort zurückzuziehen und den aktuellen Lebensumständen Ade zu sagen. Die Weisheit des Höheren Selbst hat uns jedoch in die Kultur und die Umgebung gestellt, aus der wir in diesem Leben am meisten lernen können. So ist es weise, solchen Sehnsüchten bis zu einem gewissen Grad nachzugeben, indem wir sie in unseren Alltag integrieren, ohne die anstehenden Herausforderungen aus dem Auge zu verlieren. Auf diese Weise können die Erinnerungen oder Fähigkeiten aus früheren Leben als Kraftreservoir für neue Wachstumsabschnitte dienen. Die Interaktion zwischen der Amerikanerin Mary Summer Rain und ihrer indianischen Lehrerin No-Eyes ist ein gutes Beispiel für all diese Prozesse.

Die Chippewa Medizinfrau No-Eyes hat mit ihrem letzten Leben ihre Inkarnationsreihe auf der Erde vollendet und wirkt jetzt als geistige Ratgeberin von Mary Summer Rain, die von 1982-84 ihre letzte Schülerin gewesen ist. Sie wurde 1892 als Bright Eyes, Tochter von Pretty Weasel und dem Dorfschamanen Two Trees, in den Red Mountains in Minnessota geboren. Seit ihrer Geburt blind, entwickelte sie ihre anderen Sinne über das übliche Maß hinaus. Früh selbständig und nicht an den Spielen Gleichaltriger interessiert, lebte sie mit ihrer Mutter zusammen. 1906 wurde in ihrem Reservat die Schulpflicht für Indianer eingeführt, und ihre Mutter zog mit Bright Eyes hoch in die Berge in ein einfaches, selbst gebautes Blockhaus. Als Two Trees im Dorf immer weniger gebraucht wurde, kam er zu ihnen und bildete seine Tochter 10 Jahre lang aus, nachdem ihr mit 16 Jahren in einer Vision ihre Bestimmung als geistige Lehrerin deutlich wurde. Anschließend machte sie sich auf Wanderschaft in Richtung Westen bis in die Rocky Mountains von Colorado.

Mary Summer Rain hat in früheren Inkarnationen als Indianerin gelebt. 1805 führte sie als Sacajawea die historische

Lewis und Clark Expedition nach Westen. Später wurde sie als Walks-in-Woods blind geboren, wegen ihrer Hellsichtigkeit und ihren Visionen änderte sich ihr Name in She-who-sees. Sie sah die Vermischung ihres Volkes mit der weißen Rasse und den Niedergang ihrer Kultur voraus. Bevor sie mit 102 Jahren starb, kündigte sie ihre Wiedergeburt als Summer Rain an, die das Erbe ihrer Tradition wieder ans Licht holen würde. Mary, mit indianischen, deutschen und französischen Vorfahren, hält She-who-sees zunächst nur für ihre Urgroßmutter, als sie unter mysteriösen Umständen von deren Leben erfährt. Doch der unsterbliche Anteil in ihr, der die Erfahrungen der verschiedenen zeitlichen Persönlichkeiten gespeichert hat, von No-Eyes „Überträgergeist" (von Daskalos „Pneuma") genannt, wirkt sich aus und bestimmt ihr Leben mit. Im Alter von 19 Jahren heiratet Mary Bill, der schon in vielen früheren Leben ihr Partner gewesen ist. Als Schülerin erscheint ihr im Park ein „winziges, braunes Wesen", ein Naturgeist, der sie an die Existenz anderer Seinsebenen erinnern will. Ihre innere Suche beginnt. Bereits als Teenager hat sie Ufo Sichtungen, später sieht sie in den Rocky Mountains ganze Flotten. 1977 führt sie ein innerer Ruf zusammen mit Bill und ihren drei Töchtern von ihrem damaligen Wohnort Detroit nach Woodland Park in Colorado inmitten der Rocky Mountains, wo auch Sacajawea und She-who-sees viele Jahre ihrer Leben verbrachten. Bill bekommt Kontakt zu seinem geistigen Lehrer und Mary versucht erfolglos, das von ihm diktierte Buch mit Vorhersagen für die Menschheit zu veröffentlichen. Immer stärker spürt sie einen inneren Druck, die Dringlichkeit einer Lebensaufgabe. Endlich wird sie in einem Moment größter Verzweiflung von einem inneren Impuls in die Wälder von No-Eyes geführt. Sie ist jetzt bereit, die weiteren Fähigkeiten zu erwerben, für die ein Lehrer benötigt wird, und die ihr zur Erkenntnis und Erfüllung ihrer Bestimmung verhelfen. Mary hätte die Bedeutung von No-Eyes bei ihrer ersten Begegnung leicht übersehen, wenn diese sie nicht mit ihrem inneren Namen Summer Rain angesprochen hätte. Von diesem Tag an fuhr Mary einmal in der Woche zu ihr, so dass ihre Ausbildung parallel zu den Verpflichtungen in ihrer Familie laufen konnte. No-Eyes war zu diesem Zeitpunkt bereits 90 Jahre alt und lebte in einem ungehobelten Holzhaus mit ausgedienten Möbeln.

Wie aus den Büchern hervorgeht, die Mary Summer Rain über ihre gemeinsame Zeit mit No-Eyes verfasst hat, erfreute sich ihre Lehrerin bester Gesundheit und verfügte über eine hohe innere Achtsamkeit, ein brillantes Denken und ein von Klarheit, Kraft und Liebe durchdrungenes Wesen. Trotzdem hätten sie viele wohl durch ihr Äußeres eher für eine vertrottelte, wirre Alte gehalten. No-Eyes hatte stets einen Vorrat selbstgefertigter Medizin und natürlicher Lebensmittel im Haus, die sie in ihrer intakten Umgebung zusammengesucht hatte. Einen Teil dieses Wissens hat Mary in ihrem Buch „Earthway" zusammengefasst. No-Eyes war eine Dreamwalkerin, die ebenso wie Daskalos andere Seinsebenen durchwandern konnte. Sie stand in engem Kontakt mit der Weißen Bruderschaft und vielen Raumwesenheiten, die sie in ihrer Hütte besuchten und nur für ihre innere Wahrnehmung sichtbar waren. Ihr Wissen um die Belange der Welt kamen zum Teil aus solchen Kontakten, zum anderen durch direkte Anschauung, indem sie ihren Körper verließ und sich auf Reisen begab. Viele der Lektionen, die sie Mary Summer Rain erteilte, fanden auf solchen außerkörperlichen Reisen statt. Mary hatte schon vorher die Fähigkeit erlangt, ihren Körper zu verlassen, doch unter der Anleitung und dem Schutz von No-Eyes wurde sie in Regionen geführt, in denen sie zu lernen hatte und die ohne die kundige Begleitung durch ihre Lehrerin gefährlich geworden wären.

Da das Erkunden der feinstofflichen Reiche voller Tücken und unbekannter Herausforderungen ist, ist die individuelle Betreuung durch einen qualifizierten Lehrer für diese Ausbildung notwendig. No-Eyes nahm nur Schüler an, die sich im Leben bewährt und die Realität fest im Griff hatten. Nur wer stark genug im Hier und Jetzt verankert ist, kann in den feinstofflichen Ebenen herumreisen, ohne den Boden unter den Füßen zu verlieren, was sehr schnell auf dem inneren Pfad passieren kann, wenn man seine Entwicklung durch unangemessene Techniken forcieren will oder noch nicht die nötigen Voraussetzungen für einen weiteren Entwicklungsschritt mitbringt. Die geistige Welt ist kein Fluchtpunkt für frustrierende Alltagserlebnisse, sondern eine nicht zu unterschätzende Erweiterung der Wahrnehmung, die unter anderem Mut, Kraft, Verantwortung, Weisheit, Stabilität, Entschlossenheit und Mitgefühl erfordert. Nur drei Schüler von No-Eyes sind außer Mary Summer Rain Dreamwalker (Traumreisende) geworden, weil sie außer dem Verstand auch das Herz und den inneren Geist dazu mitbrachten. Dazu gehört Brian Many Hearts, der auf No-Eyes Wunsch hin für eine Zeitlang die Unterweisung von Mary übernahm. Auch wenn Brian als ehemaliger Schüler von No-Eyes in der Essenz die gleichen Lehren vermittelte wie sie, war es in den Augen der erfahrenen Seherin doch wichtig, dass Mary die inneren Wahrheiten aus den verschiedensten Gesichtspunkten kennenlernte. Nur durch das Eingrenzen einer Wahrheit auf einen Blickwinkel können Dogmatismus und Fanatismus Fuß fassen. So ist es in der Weißen Bruderschaft generell üblich, die Schüler an andere Meister weiterzugeben, ob der Schüler sich nun dieser

Tatsache bewusst ist oder nicht. Niemand wird nur von einem Meister unterrichtet. Je nach Veranlagung und Fähigkeiten des Schülers setzt der Lehrer, der auf den inneren Ebenen über das dem Weg des Schülers entsprechende Spezialwissen verfügt, die Ausbildung fort. Persönliche Zuneigungen von Seiten des Schülers spielen dabei keine Rolle, doch in der Regel wächst einem der neue Lehrer schnell ans Herz (schließlich ist man im Inneren auf einer Wellenlänge), und man lernt seine ganz persönlichen Charakterzüge lieben.

So empfand auch Mary Summer Rain bald eine tiefe Zuneigung zu Brian Many Hearts, der um einiges jünger war als No-Eyes und sehr vertraut mit der modernen Welt. Eine der erste Lektionen von ihm bestand darin, mit Mary Pepsi Cola zu trinken, ihr Lieblingsgetränk. Mary hatte das bislang immer als eine ihrer Schwächen gesehen, und war deshalb sehr überrascht, als ihr neuer Lehrer mit der Pepsi ankam. Er wollte ihr damit klar machen, dass die innere Einstellung zu einer Sache der entscheidende Punkt ist und nicht irgendeine äußere Vorstellung davon, wie man als Schüler auf dem inneren Weg zu sein hat. Wenn es ihr Freude machte, Pepsi zu trinken, sollte sie das ohne schlechtes Gewissen tun, auch wenn No-Eyes ihre Heilkräutertees trank. Es ist nie gut, die Wünsche oder Bedürfnisse des eigenen Körpers zu verleugnen oder zu verdrängen, weil das automatisch zu Krankheiten führt. Wer gelernt hat, auf die innere Stimme zu hören, wird ganz von selbst an den Punkt kommen, wo er das fallen lässt, was sein Wachstum behindert, ob das nun zu wenig Schlaf oder Trägheit ist, übermäßiger Fleischkonsum oder eine starre Rohkostdiät, starker Alkoholgenuss oder eine Schokoladensucht. Wenn sich der äußere Körper nicht wohlfühlt, kann es nur zu Spannungen kommen, die den Kontakt mit den feinstofflichen Körpern erschweren oder unmöglich machen. Freude entspannt und steigert die Zufuhr neuer Lebensenergie, und solange die eigene Freude nicht das Leben eines anderen Wesens beeinträchtigt, gilt „Erlaubt ist, was gefällt." Ein Thema, das Mary und No-Eyes oft beschäftigte, war die begehende Umbruchzeit, von No-Eyes die „Phoenixtage" genannt, nach dem Vogel, der aus der Asche kommt und seine Schwingen erhebt. Von den detaillierten Zukunftsvisionen, die Mary Summer Rain 1984 in ihrem Buch „Der Phoenix erwacht" festgehalten hat, ist bereits vieles eingetreten: Der Niedergang der Wirtschaft, die Anhäufung von Naturkatastrophen und Unglücksfällen, zunehmende geistige Verwirrung und Krankheiten, Entzweiung der Nationen, nukleare Zwischenfälle, Regierungskrisen, Revolten und Streiks in der Bevölkerung bis hin zu vermehrten Ufosichtungen und einem wachsenden Interesse am Paranormalen. Den Gipfel der Veränderungen, die Verschiebung der Polarregionen, sah No-Eyes zwischen 1998 und dem Jahr 2000.

Ein Blick in die weitere Zukunft beschreibt ein Bild, in dem die Menschen wieder in Harmonie mit sich und dem göttlichen ALLES-WAS-IST sind und in runden Häusern in friedlichen Kleingruppen in der Natur leben, mit neuen Energiequellen und humanen Technologien, ohne Hungerprobleme und mit selbstgewählten religiösen Zeremonien und Festen zum Dank an das große Eine. Vieles von dem, was No-Eyes ausmalt, bevor diese Harmonie erreicht ist, birgt Angst und Schrecken in sich. Meiner Meinung nach ist das nur ein möglicher Entwurf unserer Zukunft, der Anfang der 80er Jahre noch mehr Wahrscheinlichkeit hatte als heute. Mittlerweile sind viele Menschen durch unsere düsteren Zukunftsaussichten aufgerüttelt worden, wozu auch die vielen Schreckensprognosen beigetragen haben. In den letzten 10 Jahren ist ein Bewusstseinswandel zu bemerken der sich vielleicht noch nicht auf allen Ebenen manifestiert hat, doch in den Menschen langsam aber sicher einen Kurswechsel programmiert. Dass uns große Veränderungen ins Haus stehen, ist sicher, doch wie sie ablaufen, liegt mit in unserer Hand. Je mehr Menschen sich um einen Abbau der destruktiven Energien bemühen, umso wahrscheinlicher wird ein für alle Wesen harmonischer Übergang ohne Polsprung.

Dazu ist es notwendig, die körpereigene Schwingungsstruktur zu harmonisieren, damit sich unsere Körper der veränderten kosmischen Schwingung anpassen können. Den Schlüssel dazu bilden die Chakras, von No-Eyes „Pforten" genannt, die im materiellen Körper als Drüsen lokalisiert werden können (Hypophyse, Epiphyse, Schilddrüse, Thymusdrüse, Nebennieren und Keimdrüsen). Entgegen der allgemeinen Ansicht von sieben Chakras zählt für No-Eyes das Wurzel- oder Basischakra nicht zu den Pforten, sondern nimmt als Ausgangspunkt für die dort ruhende Kundalinikraft eine Sonderstellung ein. Da das unterste Chakra die Funktion eines Energiebeckens hat, ist hier keine Drüse als Pforte tätig. Die Zufuhr der Kundalinienergie aus dem Basischakra in die einzelnen Pforten wird gemäß der feinstofflichen Struktur der Körper gesteuert und erfordert eine sehr sensible Handhabung. Hier sollte keiner leichtfertig manipulieren, weil er sich von einer erhöhten Kundalinizufuhr in den sechs Pforten größere Fähigkeiten verspricht, denn die Chakras können durch eine zu hohe Energiedosis so stark geschädigt werden, dass schwerste Störungen in den Körpern auftreten. Die sechs Pforten sind die Schaltstelle für die Umsetzung der feinstofflichen in die grobstofflichen Körperelemente und damit der Angelpunkt für die menschliche Gesundheit. Ein gesundes Drüsensystem ist der Garant für ein langes, gesundes Leben, was auch dem Erfolg der „5 Tibeter" (Übungen für das Drüsensystem) zugrunde liegt. No-Eyes hat in ihrer Pfortenheilkunst jedem Chakra einen speziellen Tag, eine Zeit, eine Behandlungsdauer, ein Element, eine Farbe, eine Himmelsrichtung, einen Planeten, einen Ton, ein Öl, ein Naturgeräusch, ein Instrument, einen Kristall und ein Gestein zugeordnet. Die Übereinstimmung aller einzelnen Variablen bei einer Behandlung führt laut Mary Summer Rain zu einer vollkommenen Schwingungsharmonie, einem Gleichklang, der ein unvergleichliches Gefühl des Einsseins hervorruft. Aus den alten traditionellen Heillehren ist bekannt, dass für eine erfolgreiche Behandlung immer die Kombination mehrerer Methoden erforderlich ist. Farb-, Klang-, Öl- und Kristallheilung haben zurzeit viel Aufwind, ebenso wie die Beachtung der astrologischen Phasen wieder in Mode kommt. Doch offensichtlich braucht es noch mehr Kenntnisse über die Bedürfnisse der feineren Körper, bis wir zu so einer ganzheitlichen Heilweise kommen, dass wir das Einssein allen Lebens wieder wahrnehmen können.

Mary Summer Rain lebt mit ihrer Familie mittlerweile auf ihrem eigenen Land hoch in den Colorado Rockys, 2800 Meter über dem Meeresspiegel. Die dünnere Atmosphäre in diesen Höhen ist sehr unterstützend für die geistige Entwicklung, was der Grund dafür ist, dass sich die Mönche aller Länder gerne in die Berge zurückziehen. Das macht sich in den Ländern bemerkbar, die im Himalaja liegen. Mary hat mit ihrem Mann und einer engen Freundin das spirituelle Zentrum „Brotherhood of Mountain" gegründet, in dem sie kostenlos Anfragen zu den in ihren Büchern erwähnten Aspekten von No-Eyes' Lehre beantwortet und Gleichgesinnten geistigen Austausch ermöglicht. Nach ihrem ersten Buch hat sie Tausende von Zuschriften bekommen, die zeigten, dass sich der Geist von No-Eyes zu vielen Menschen ausgedehnt hat. Mary Summer Rain legt Wert auf die Feststellung, dass die von No-Eyes übermittelten Lehren nicht traditionell zum indianischen Erbe gehören, sondern universeller Natur sind. Der Geist der Wahrheit spiegelt sich in dem Diamanten des Wissens in vielen Farben, und wer wie No-Eyes die Illusion der Oberfläche hinter sich gelassen hat, findet im Kern die Weisheit jenseits aller Religionen und Glaubensvorstellungen.

St. Germain

Dass es oft viele Leben dauert, ehe bestimmte Energiequalitäten sich auf der Erde manifestiert haben und damit eine von der Bruderschaft gegebene Mission beendet ist, wird am Wirken des nächsten Meisters deutlich, der hier vorgestellt werde soll und der unter dem Namen seiner letzten Verkörperung bekannt ist: Der Graf von St. Germain. Er steht heute als Symbol für die Verfechtung des Prinzips der Freiheit, die durch die bewusste Kontrolle über die eigenen Körper und die dazugehörigen energetischen Fähigkeiten erlangt wird und letztendlich den Aufstieg aus der irdischen Inkarnationskette bedeutet. Da diese Freiheit aus der Erweiterung des menschlichen Bewusstseins resultiert, hat sich St. Germain über ganze Zeitalter hinweg dafür eingesetzt, den Menschen den gemeinsamen Ursprung aus der einen göttlichen Quelle des ALLES-WAS-IST deutlich zu machen.

So war er vor 70 000 Jahren der König einer großen Zivilisation, dort, wo heute die Sahara liegt. Es handelte sich dabei um ein sogenanntes goldenes Zeitalter, in dem die Regierung unter der Leitung der Weißen Bruderschaft stand, um so neue Gesellschaftsstrukturen einführen zu können und das Bewusstsein der Menschen zu heben. Dabei wurden Edelmetalle und Edelsteine in großem Umfang im alltäglichen Leben eingesetzt, weil diese Stoffe kosmische hochfrequente Energien speichern und wieder ausstrahlen können, wodurch die Sensitivität der Bevölkerung gefördert wurde. Gold gilt als Verdichtung des Elektronenstoffs der Sonne in einer niedrigeren Schwingungsform, weshalb Gold eine stark reinigende und belebende Wirkung hat und darum in den goldenen Zeitaltern der Masse der Menschen reichlich zur Verfügung stand, wodurch die geistige

Entwicklung große Höhen erreichte. Nach einer Zeit zogen sich die Meister der Bruderschaft wieder aus der direkten politischen Ebene zurück, um den Menschen Gelegenheit zu geben, das Gelernte anzuwenden. Das führte im weiteren Verlauf durch die zwangsläufig auftretenden menschlichen Schwächen zum Niedergang der einstmaligen Hochkulturen, so dass im Abstand von mehreren Jahrtausenden erneut Abgesandte der Weißen Bruderschaft zum Erblühen einer neuen Kultur beitrugen, die dadurch Höhen erreichte, die unsere jetzige Zivilisation noch zu erklimmen hat.

Schon damals soll St. Germain Meisterschaft erlangt und die Möglichkeit zum Aufstieg in seinen Lichtkörper bekommen haben, doch er verzichtete darauf, um einen engeren Kontakt zur Menschheit zu haben und so notwendige Vorbereitungen für das jetzige Zeitalter der Zeitenwende treffen zu können. Zu einem späteren Zeitpunkt inspirierte er eine südamerikanische Zivilisation zu spiritueller Größe. In Atlantis diente er unter Erzengel Zadkiel als Hohepriester im Tempel der Reinigung durch die violette Flamme. Als biblischer Prophet Samuel bereitete St. Germain die geistigen Grundlagen Israels mit vor, als Essener Joseph war er Vater und erster Lehrer von Jesus. Von 411 bis 485 hatte er unter dem Namen Proculus eine philosophische Schule in Athen, in der er sich darum bemühte, die Einheit hinter allen philosophischen Systemen nachzuweisen. Im 5. und 6. Jahrhundert wurde er bekannt als Merlin, der Magier am Hofe König Arthurs zur Zeit von Avalon. Mit dem „Opus Magnus", einer Enzyklopädie aller Wissenschaften, ging er unter dem Namen Roger Bacon (1211 1294) in die Geschichte ein als englischer Mönch und Philosoph, wiederum mit dem Ansinnen, die verschiedenen Zweige der Wissenschaften auf einen gemeinsamen Nährboden zu stellen. Im 14. Jahrhundert gründete er als Christian Rosenkreutz den Rosenkreutzerorden, der sich in seinen Ursprüngen um eine Verbreitung und Ausbildung in den inneren Lehren bemühte, die zur Zeit von Jesus das geheime Wissen der Essener ausmachten. Wie bei allen strukturierten Glaubenssystemen hat auch der Rosenkreutzerorden mittlerweile viele Wandlungen und Zersplitterungen durchgemacht, bis dahin, dass die Person des Christian Rosenkreutz nur noch als mystisches Symbol für die Vereinigung mit dem Höheren Selbst betrachtet wird. Weitere bekannte Inkarnationen sind Christoph Columbus und der Schweizer Chemiker, Physiker und Theologe Paracelsus. In seinem Leben als Francis Bacon war er der Sohn der damaligen Queen Elisabeth und legitimer Thronfolger. Er hoffte, als König der Zersplitterung von Europa entgegenwirken und eine Art Staatenbund schaffen zu können, was viele Kriege verhindert hätte, doch durch eine Intrige bei Hof kam er nicht auf den Thron. Er verlagerte seine Aktivitäten auf das schriftstellerische Feld und schrieb unter anderem Stücke für Shakespeares Theatergruppe, die heute nur noch unter Shakespeares Namen bekannt sind, doch viele geistige Wahrheiten enthalten, wie zum Beispiel „Hamlet", „König Lear" oder der „Sommernachtstraum". Zu den Werken, die mit seinem Namen Francis Bacon die Zeit überdauert haben, gehört das „Novum Organum", das zur Entwicklung der modernen induktiven Logik führte, und die Übersetzung der King-James-Fassung der Bibel.

In seiner letzten Inkarnation als St. Germain wurde er am 28. Mai 1696 als erster Sohn des Fürsten Franz Rakoszy und seiner Frau, der deutschen Prinzessin Charlotte Amalie von Hessen-Rheinfels, geboren. Sein Taufname war Prinz Leopold

Georg. Mit vier Jahren musste der Erbprinz wegen politischer Unruhen außer Landes gebracht werden, St. Germain wuchs deshalb bei dem Herzog Giovanni Gaston Medici in der Toskana auf, der auch sein erster geistiger Lehrer wurde. Da die Welt den Sohn der Rakoszys als gestorben betrachten sollte, nahm Prinz Leopold den Namen Sanctus Germanus an, was Heiliger Bruder bedeutet. Finanziell unabhängig, reiste er als junger Mensch rund um die Welt und sammelte zahlreiche Erfahrungen, die ihm bei seiner späteren diplomatischen Tätigkeit zugute kamen. Keiner politischen Seite verpflichtet, wirkte er im 18. Jahrhundert als Vermittler unter den zerstrittenen europäischen Staaten zugunsten des Friedens und einer möglichen Vereinigung im Sinne einer harmonischen Koexistenz. Da sein Handeln für die Gemeinschaft den ehrgeizigen Zielen einzelner Mächtiger im Weg stand, wurde er zur Zielscheibe von Verleumdungen und Bedrohungen. Um den ständigen Verfolgungen aus dem Weg zu gehen, wechselte er auf seinen Missionen häufig den Namen: In Venedig als Comte Bellamare bekannt, trat er in Pisa als Graf Schevening, in Leipzig als Weldone und in Dresden als Rakoczy auf. Sein Erscheinen ist von 1710 bis 1822 in verschiedenen historischen Quellen bezeugt, er war unter anderem in Kontakt mit Friedrich dem Zweiten, Voltaire, Marie Antoinette, Ludwig dem Fünfzehnten und Ludwig dem Sechzehnten. Auch mit wichtigen Staatsmännern in England, Holland und Russland war er vertraut. Das Blutbad während der Französischen Revolution sah er voraus und versuchte, die Verhärtung der Fronten durch eindringliche Gespräche aufzuweichen. Doch wenn sein Rat auch sehr geschätzt war, in diesem Punkt wollte ihm keiner ausreichendes Gehör schenken. Es heißt, dass St. Germain öfter in der Reihe der zu Köpfenden neben dem Schafott erschien und besänftigend auf sie einwirkte, um ein Trauma beim Übergang in die anderen Seinsebenen zu vermeiden. Im religiösen Sektor arbeitete er an einer Vereinigung der geistlichen Orden, was ebenfalls im Verborgenen geschehen musste, weil sein Handeln der offiziellen Kirchenpolitik ein Dorn im Auge war. St. Germain selbst war Großmeister des Malteserordens, und das Malteserkreuz ist heute noch sein Zeichen.

In all seinen Leben hat St. Germain stets ein großes Interesse für die Alchemie gezeigt, die er als Symbol für die Transformation niedrig schwingender Energiezustände in höhere Seinszustände schlechthin sah. Für ihn war die Alchemie eine heilige Wissenschaft im Dienste der Menschheit; Studien sollten nicht für materiellen Gewinn betrieben werden, sondern dem Wohl aller zugute kommen. So sind aus seiner letzten Inkarnation seine erfolgreichen Experimente in der chemischen Färberei überliefert. (Wenn man bedenkt, dass erst durch den Einsatz von Chemie leuchtend bunte Farben in der Kleidung für alle Menschen zugänglich waren, wird sein Einsatz für dieses Gebiet verständlich. Wie würden wir uns heute wohl fühlen, wenn wir nur Braun, Grau und Blau im Alltagsbild hätten? Auch auf dem Feld der Farben, die erwiesenermaßen einen nicht zu unterschätzenden Einfluss auf unsere Psyche haben, hat St. Germain das Prinzip der Freiheit unterstützt und gezeigt, dass der Prozess der Transformation nicht nur vom Grobstofflichen ins Feinstoffliche vollzogen wird, sondern auch umgekehrt. Die feinstoffliche Welt bietet solch eine Fülle und Brillanz an Farben, dass unser irdisches Spektrum dagegen sehr begrenzt wirkt, und selbst Farben wie Gold oder Silber stehen heute auch nur mittels chemischer Prozesse für alle zur Verfügung.)

St. Germain sprach zwölf Sprachen fließend, spielte ausgezeichnet Violine und komponierte auf dem Klavier, er malte Ölbilder mit selbst entwickelten brillanten Farben, entwickelte Heilkräuterarzneien und stellte lebensverlängernde Elixiere her. Da er als Meisteralchemist auch Gold und Edelsteine aus dem Urstoff verdichten konnte, haftete ihm der Ruf eines Scharlatans an, denn die Menschheit war damals noch weniger mit den wahren Möglichkeiten der menschlichen Existenz vertraut als heute. 1784 inszenierte St. Germain seinen Tod, sein Scheingrab ist noch heute in der Nicolai Kirche in Eckernförde zu finden, wo er im Alchemistenturm in Louisenlund gearbeitet haben soll. Er selbst blieb bis 1841 auf der Erde, sein Auftreten nach dem „öffentlichen Tod" wird durch historische Dokumente bestätigt. Obwohl er 154 Jahre gelebt hat, ist nach zeitgenössischen Berichten seine äußere Erscheinung nie über das 40. Lebensjahr hinausgegangen. Oft verblüffte er seine Zuhörer durch lebensechte Beschreibungen von Ereignissen, die Jahrhunderte zurücklagen, wie er auch durch Einblicke in die Zukunft überraschte. Alles in allem war er als schillernde Persönlichkeit bekannt, von einigen hochverehrt, von anderen verachtet oder gefürchtet. Nur wenige erkannten den Meister in ihm, noch weniger hatten eine Ahnung von seiner inneren Mission als Botschafter für wahre Freiheit, Gleichheit und Brüderlichkeit unter den Völkern.

Getreu seinen Plänen von einer Vereinigten Nation bildete St. Germain die treibende Kraft hinter der Gründung der Vereinigten Staaten von Amerika, um dort mit den europäischen Ablegern das zu schaffen, was ein Modell für die ganze Welt sein könnte. Bei der Gründungsversammlung sollen entscheidende Impulse von der flammenden Rede eines unbekannten

Mannes ausgegangen sein, der später nicht mehr aufzufinden war. Die ersten Präsidenten der USA waren alle sehr spirituelle Menschen, und selbst von Ronald Reagan ist bekannt, dass er sehr gläubig ist und jeden Tag um Gottes Führung gebeten hat. Dass hohe Ideale eine Sache, deren Umsetzung im Alltag eine andere sind, ändert nichts an der ursprünglichen Brillanz der Idee hinter den Vereinigten Staaten. Die von Frankreich geschenkte Freiheitsstatue im Hafen von New York soll an die grundlegende Inspiration der USA erinnern und von St. Germain mit entsprechenden energetischen Ausstrahlungen gefüttert werden, was von vielen Menschen wahrgenommen wird. Auch die Namen der großen Städte der Westküste (Los Angeles: Stadt der Engel, San Francisco Heiliger Franziskus) weisen auf den spirituellen Hintergrund des Landes hin.

In den dreißiger Jahren dieses Jahrhunderts begann St. Germain seine Arbeit für das Neue Zeitalter durch die Ausbildung des Amerikaners Godfrey Ray King zum Botschafter der Weißen Bruderschaft. St. Germain erschien Godfrey am Mount Shasta in seinem feinstofflichen Körper und unternahm mit ihm außerkörperliche Reisen in ihre gemeinsame Vergangenheit, wodurch er Godfrey an ihre Zusammenarbeit in vergangenen Verkörperungen erinnerte und die damals erteilten Lehren in seinem Wachbewusstsein verankerte. Godfrey bekam Kontakt zu anderen inkarnierten Mitarbeitern der Weißen Bruderschaft und lernte im Verlauf seiner weiteren Ausbildung Zentren der Weißen Bruderschaft überall auf der Erde kennen.

Das Neue Zeitalter ist die Epoche der Freiheit und der Befreiung von allen Begrenzungen und Dissonanzen, die durch die Manifestierung destruktiver Energieformen hervorgebracht wurden. Wirkliche Freiheit kommt durch die bewusste und ständige Ausrichtung auf die göttliche Präsenz im eigenen Wesen (die „ICH BIN-Gegenwart"), wodurch eine beständige Verbindung zum Höheren Selbst aufgebaut wird, bis das letztendliche Ziel der irdischen Evolutionslinie erreicht ist: die Verschmelzung des irdischen Selbst mit dem Höheren Selbst.

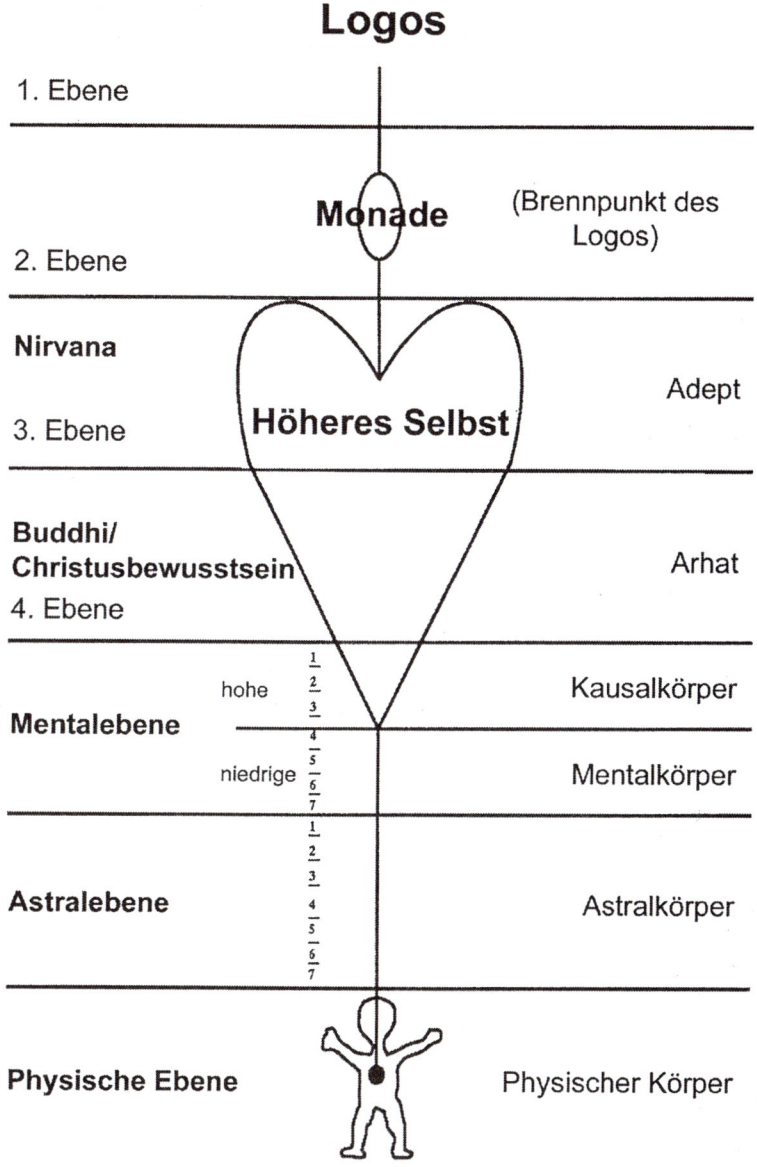

Logos

1. Ebene

Monade   (Brennpunkt des Logos)

2. Ebene

Nirvana

3. Ebene   **Höheres Selbst**   Adept

Buddhi/ Christusbewusstsein

4. Ebene   Arhat

hohe $\frac{1}{2}$ $\frac{3}{4}$ Kausalkörper

Mentalebene

niedrige $\frac{5}{6}$ $\frac{7}{}$ Mentalkörper

Astralebene $\frac{1}{2}$ $\frac{3}{4}$ $\frac{5}{6}$ $\frac{7}{}$ Astralkörper

Physische Ebene   Physischer Körper

Das Höhere Selbst ist der Verbindungspunkt zwischen unserer irdischen Persönlichkeit und der Monade, jenem Brennpunkt des göttlichen Seins, dem unser Wesen entspringt. Stark vereinfacht können wir uns die Monade als eine reine Lichtenergieform vorstellen, die Teile von sich selbst zur Verkörperung in die dichte Materie sendet. Die einzelnen Anteile werden über das Höhere Selbst koordiniert, das so zu einer Art Prisma für die verschiedenen Strahlen der Monade wird. Über das Höhere Selbst schickt die Monade Licht in die einzelnen Persönlichkeiten, die dieses Licht durch die verschiedenen Erfahrungen mit ihrem individuellen Bewusstsein färben. Der Anteil an Lichtenergie, der durch Ausrichtung auf konstruktive Bewusstseinsformen eine gewisse Schwingungsrate erreicht hat, wird von der Persönlichkeit zurück an das Höhere Selbst geleitet. Da das Höhere Selbst in den höherschwingenden Bereichen der Kausalebene, des Christusbewusstseins und der Nirvanaebene beheimatet ist, können niedrig schwingende Bewusstseinsformen nicht zu ihm gelangen.

Je mehr Lichtanteile das Höhere Selbst erreichen, die von der Persönlichkeit mit konstruktiven Energieformen gefüllt wurden, desto mehr gewinnt das Höhere Selbst an Leuchtkraft und an Individualität. Die Ausdrucksmöglichkeiten der Monade (und damit auch die des göttlichen ALLES-WAS-IST) vergrößern sich in dem Maße, wie das Höhere Selbst durch die Bewusstseinsanteile der Persönlichkeiten bereichert wird. Bildlich gesehen ist das Höhere Selbst erst wie ein schwach glimmendes Ei aus Lichtenergie, das nach und nach in den verschiedensten Farben zu leuchten beginnt, bis es einem von innen strahlenden Kristall gleicht, in dem sich alle Facetten des Farbspektrums widerspiegeln. Dann ist der Punkt gekommen, an dem das irdische Selbst mit dem Höheren Selbst verschmilzt und sich das Bewusstsein der Persönlichkeit auf das Bewusstsein des Höheren Selbst ausdehnt, das ja zudem über die Bewusstseinsanteile der anderen Persönlichkeiten und über eine direkte Verbindung zur Monade verfügt. Der Wachstumsprozess von Persönlichkeit und Höherem Selbst ist also wechselseitig, wobei das Höhere Selbst sich immer vielfältiger entwickelt, da es von mehreren Persönlichkeiten gespeist wird und zudem auch direkte Impulse von anderen Höheren Selbsten, wie etwa den Meistern der Weißen Bruderschaft, empfangen kann. Wenn wir uns als Menschen darauf berufen, dass wir Gott in uns tragen, bedeutet das nicht, dass wir als irdische Persönlichkeit über die Weisheit, Liebe, Kraft und Bewusstheit des göttlichen ALLES-WAS-IST verfügen, sondern dass wir durch unser Herzchakra eine direkte Verbindung zu unserem Höheren Selbst aufnehmen können, und in dem Maße, wie unser Bewusstsein eins wird mit dem Bewusstsein des Höheren Selbst, haben wir über den Kontakt mit der Monade Anteil am Sein des göttlichen ALLES-WAS-IST.

Der Schlüssel zu einem erweiterten Sein liegt für die irdische Persönlichkeit also in dem bewussten Austausch mit dem Höheren Selbst. Die Lehren über die magische ICH BIN-Gegenwart haben das Ziel, diesen bewussten Austausch herzustellen bzw. zu fördern. Das Höhere Selbst wird dabei mit den Worten ICH BIN bezeichnet, um durch die Identifizierung mit dem eigenen Wesenskern eine direkte Verbindung im Bewusstsein zu verankern. Gegenwart deshalb, weil das Höhere Selbst immer im JETZT lebt und keine Vergangenheit oder Zukunft wahrnimmt. (Zeitabläufe spielen sich in einem kosmischen Hologramm ab, das man sich wie ein in sich verschlungenes Band in Form einer Acht vorstellen kann. Jeder Punkt auf dem Band ist von einer übergeordneten Warte aus betrachtet JETZT, auch wenn man auf dem Band selbst vielleicht eine fortlaufende Bewegung von der Vergangenheit in die Zukunft ausmachen kann.) Und die Bezeichnung magisch weist darauf hin, dass uns durch die Bewusstseinsfusion mit unserem Höheren Selbst viele Möglichkeiten und Fähigkeiten offen stehen, die uns wie kosmische Magie erscheinen. Magie ist letztlich nichts anderes als die Kenntnis und die Anwendung der inneren Gesetze des Kosmos, der unbekannten Kräfte der Natur. Alchemie ist ein Weg, sich den Zugang zu diesen Kräften zu erschließen, doch nur wer mit selbstloser Motivation forscht, wird den Schlüssel finden, der das Tor zur Selbstvervollkommnung öffnet. St. Germains Lehren von der göttlichen ICH BIN-Gegenwart des Höheren Selbst sind die Früchte seiner langen Studien auf dem Gebiet der Transformation, des Überwechselns von einem Seinszustand in einen anderen. Er strebt damit einen Zustand der völligen Bewusstseinsverschmelzung mit dem Höheren Selbst an, wie ihn Jesus erreicht hat, als er Aussagen machte wie „ICH BIN die Wahrheit, das Leben und das Licht" oder „ICH BIN der Weg". Auch als Jesus sagte: „Niemand kommt zum Vater denn durch mich", hieß das nicht, dass alle Menschen die christliche Religion annehmen müssen, um in den Himmel zu kommen, sondern dass nur durch das Höhere Selbst eine Rückkehr in die Einheit, in den Zustand jenseits der Welten der Trennung, möglich ist.

Um eine möglichst klare und effektive Verbindung zum Höheren Selbst zu ermöglichen, ist es dringend notwendig, destruktive Bewusstseinsformen nicht länger mit energetischer Nahrung zu versorgen. Deshalb steht vor jedem spirituellen

Entwicklungsprozess ein Ritual der Reinigung, in der christlichen Tradition, symbolisiert durch die Taufe. Das Versprechen, dem „Bösen" zu widersagen, hat natürlich nichts damit zu tun, dass man nicht vorhat, am Ende seines Lebens beim Teufel im Höllenfeuer zu schmoren, sondern ist vielmehr ein Versprechen an sich selbst, die konstruktiven Kräfte in ihrem Wirken zu unterstützen. Die Wassertaufe hatte ursprünglich nicht nur symbolischen Charakter: Durch das vollständige Untertauchen im Wasser sollen die inneren Körper für einen Moment vom äußeren getrennt werden, wodurch eine Reinigung von destruktiven Energieformen und eine energetische Aufladung der Aura erfolgen konnte. So wurde die Taufe zu einer echten Chance für einen Neuanfang, für eine Umkehr. Das rituelle Bad in den heiligen Flüssen in Indien hat hier seinen Ursprung, ebenso wie die vorgeschriebenen Waschungen in anderen Religionen. Das vollständige Reinigen des Körpers nach dem Schlaf und nach den Tagesgeschäften löst auch so manchen Schmutz der inneren Körper, was das Sich-wie-neu-geboren-fühlen nach einem ausgiebigen Wannenbad erklärt. Die heiligen Flüsse Indiens ebenso wie der eine oder andere Gebirgsbach haben zudem ihre belebende Wirkung, die ihnen eigene Vitalenergie noch nicht verloren, die sie so auch an die Menschen weitergeben können.

Durch die starke Verunreinigung der Erde sind leider viele Wassergeister vertrieben worden, die für die Anreicherung des Wassers mit dieser Vitalenergie verantwortlich sind. In heiligen Flüssen oder Quellen sind sie noch zu finden, deshalb hat der Ganges trotz aller Abwässer keine schädigende Wirkung auf die Menschen, die auf die Nutzung seines Wassers angewiesen sind. Ebenso wie bei den Pflanzen ist es von größter

Bedeutung für die Erde, den Naturgeistern wieder optimale Bedingungen für ihr Wirken zu verschaffen. Denn sie sind es, die unsere Nahrung und damit unseren Körper mit der nötigen Vitalenergie versorgen. Darum ist biologisch-dynamisch ange-bautes Gemüse bei gleicher Luftverschmutzung viel energie-reicher, denn Steiner wusste um die Kräfte der Naturgeister und hat bei seinen Anbaumethoden ihrem Wirken Rechnung getragen. Wie sonst wohl kommt es, dass in der einen Karotte mehr Vitalstoffe sind als in der anderen? Wissenschaftlich gibt es keine schlüssige Erklärung dafür, wie denn nun die Vitami-ne, Mineralien und Spurenelemente in das Gemüse kommen, an denen es heute in der zivilisierten Welt, die das Wissen um Naturgeister als Aberglauben abgetan hat, so mangelt. Die Na-turgeister schütteln den Kopf darüber, wie wir so unverständig sein können, uns unsere eigene Lebensgrundlage zu entziehen und gezielt auf unsere Degeneration zuzusteuern. Auf anderen Planeten haben die Bewohner gelernt, mit den Naturgeistern Hand in Hand zu leben und können so über Lebensmittel ers-ter Qualität im Überfluss verfügen. „Seht die Vögel im Himmel, sie säen nicht, sie ernten nicht, und unser himmlischer Vater ernährt sie doch."

Auf den inneren Ebenen wird der Reinigungsprozess durch den Gebrauch der Lichtenergie und der heiligen Flammen un-terstützt, die gebündeltes, konzentriertes Licht darstellen. St. Germain arbeitet eng mit dem Engeldeva für die violette Flam-me zusammen, da er nach seinem Aufstieg in den Lichtkörper seines Höheren Selbst am Ende seiner letzten Inkarnation die Leitung über die Energiequalitäten des siebten, violetten Strahls übernommen hat, der für unser heutiges Zeitalter von hervorge-hobener Bedeutung ist.

Der violette Strahl ist für die Bewusstwerdung der kosmischen Ordnung und der ihr innewohnenden Gesetzmäßigkeiten zuständig. Alle Formen von religiösen Zeremonien und Ritualen werden diesem Strahl zugeordnet, weil ihre Wirkungen auf der richtigen Anwendung der feinstofflichen Gesetzmäßigkeiten beruhen. Ein Aspekt dieses Strahls ist die durch feinstoffliche Kräfte bewirkte Transformation niedrig schwingender Seinszustände in höhere. Dabei werden mit Hilfe der energetischen Qualität des violetten Strahls die Kraftfelder der Elektronen, die die Atome zusammenhalten, von destruktiven Impulsen gereinigt, wodurch eine Schwingungsveränderung bewirkt wird.

Dieser Prozess der Umwandlung geschieht automatisch, wenn ein Individuum durch eigene Anstrengungen so viel göttliches Bewusstsein im Umgang mit den Lebensenergien erlangt hat, dass ihm durch seine Reinheit im Herzen und die Klarheit seiner Geisteskräfte die Gaben des bewussten Gebrauchs der höheren Körper wieder anvertraut werden können. Silvia Wallimann fasst es in ihrem Buch „Erwache in Gott" so zusammen: „Sobald der Mensch seine Fähigkeit zur uneigennützigen Liebe entwickelt hat, lösen die Kräfte des siebten Strahls sein individuelles Karma auf." Beim Aufstieg in den Lichtkörper bewirkt dieser Akt göttlicher Gnade die Transformation von allem, was nicht zu dem ursprünglichen, perfekten Muster des göttlichen Menschen gehört, wie es in der von Dr. Hanish entdeckten fünften Herzkammer zu finden ist. Neun Zehntel des Weges geht der Mensch aus eigenem Antrieb, doch das letzte Stück wird ihm von Gott in Form der kosmischen Gesetzmäßigkeiten geschenkt. Auch wenn es nach irdischer Zeitdimension eine bestimmte Zeit geben mag, in der der letzte Schleier zerreißt und dem Alltagsbewusstsein die Fähigkeiten der höheren Ebenen zugänglich werden – nach holographischem Gesichtspunkt ist das ganze Geschehen eine auf mehreren Ebenen parallel stattfindende kontinuierliche Entwicklung, die nur meist erst gegen Ende dem Wachbewusstsein deutlich wird. So kommen auch die transformierenden Kräfte des violetten Strahls immer wieder auf dem Weg jedes Individuums zum Einsatz, bis sie die letztendliche Befreiung aus den Grenzen des irdischen Körpers ermöglichen: Die Transformation der physischen Hülle in den Lichtkörper, den Aufstieg in die energetische Hülle des Höheren Selbst.

Zu den Lehren des Neuen Zeitalters unter der Schirmherrschaft des siebten Strahls gehört auch der bewusste Umgang mit den Lichtenergien in Gedanken, Gefühlen und Worten. Die Ausrichtung auf das Licht bewirkt die Verankerung göttlicher Energie, wodurch die Schwingungen der Erde und der Menschen angehoben werden. Das bewirkt allerdings auch ein stärkeres Hervortreten der noch vorhandenen Schattenseiten (was momentan überall auf der Erde zu beobachten ist), denn die Schatten müssen erst gesehen und erkannt werden, bevor ein Umdenkungsprozess stattfinden kann, der wirklich von innen und aus dem Herzen kommt. Die Aufarbeitung der erkannten destruktiven Elementalen geschieht durch den verstärkten Aufbau konstruktiver Elementale, die im Einklang mit dem göttlichen ALLES-WAS-IST stehen. Dabei ist die schon bei Daskalos erwähnte tägliche Reflektion des eigenen Denkens und Handelns sehr nützlich.

St. Germain arbeitet heute mit vielen Menschen auf der geistigen Ebene zusammen, sei es als Inspirator oder als Botschafter. Er zeichnet sich aus durch eine galante und humorvolle Umgangsweise, die von der langen menschlichen Erfahrung geprägt ist und sehr viel Einfühlungsvermögen und Verständnis für irdische Schwierigkeiten zeigt. St. Germain ist Gentleman und Diplomat in vollendeter Form. Seine herausragenden Eigenschaften sind sein ungebrochener Enthusiasmus für das Licht und die unermüdliche, kontinuierliche Arbeit an seinem Ziel, einer befreiten, aufgestiegenen Menschheit. Immer wieder berufen sich einzelne Organisationen oder Personen in ihrem Wirken auf St. Germain und stellen sich als einzige legitime Nachfolger der „I AM" (ICH BIN)- Bewegung von Godfrey Ray King dar. Doch St. Germain ist für die ganze Menschheit tätig, und dementsprechend haben zahlreiche Menschen Zugang zu seiner Ausstrahlung. Das heißt nicht unbedingt, dass diese in direktem Kontakt mit der Wesenheit St. Germain stehen und in seinem Auftrag handeln. Wenn es auf einem bestimmten Tätigkeitsfeld wie im Fall von Godfrey doch zu einer Zusammenarbeit kommt, erteilt der Meister nur selten klare Anweisungen, sondern appelliert durch Hinweise und Wahrheiten an die Intuition und innere Führung jedes Einzelnen. Niemandem wird Wissen aufgezwungen, da das Prinzip der Freiheit jedes Individuums von den Meistern respektiert wird. Jeder Mensch hat für sein Wachstum den Gebrauch des freien Willens zugesichert bekommen und damit auch das Recht auf eigene Schlussfolgerungen und Entscheidungen.

El Morya und Kuthumi

Jedes Zeitalter hat seine Form der Verbindung mit dem göttlichen ALLES-WAS-IST. Während der Zeit von Moses geschah das Weiterleiten der göttlichen Energieimpulse unter anderem über die Bundeslade, zu Jesu Zeiten über das dem Göttlichen geweihte Abendmahl, bei dem Jesus seine Lichtenergien auf das Fladenbrot und den Traubenmost übertrug. Zu unserer Zeit geschieht das über Ansprachen und Belehrungen der Aufgestiegenen Meister und anderer hochentwickelter Wesen, zumeist durch den als Channeling bekannt gewordenen Übermittlungsvorgang. Auch in früheren Zeiten wurden Orakel als Kanäle für Botschaften des göttlichen ALLES-WAS-IST gebraucht, wie etwa das Orakel von Delphi, und auch heute noch haben in Tibet Staatsorakel Einfluss auf das politische Geschehen. In der Qualität und der Genauigkeit der Übermittlung gibt es jedoch himmelweite Unterschiede, was vor allem vom Grad der Bewusstseinsentwicklung des Übertragungsmediums abhängt. So werden die Botschaften von Yohannan außer von Daskalos auch noch von anderen Menschen auf der Erde empfangen, zumeist sind diese jedoch nur dazu in der Lage, einen gewissen Prozentsatz der ursprünglichen energetischen Botschaft klar wahrzunehmen und in Worte zu übertragen. Es ist daher sehr wichtig, den Authentizitätsgehalt einer Botschaft erkennen zu lernen und zwischen dem eigentlichen Energietransfer und den Färbungen und Beimischungen der übermittelnden Persönlichkeit zu unterscheiden. So ist es keine Seltenheit, dass während eines Channelings einzelne Zuhörer einen Teil der Worte anders hören als der Rest des Auditoriums, wenn zum Beispiel eine bestimmte Sache gemeint gewesen ist, der Channel aber den falschen Begriff dafür benutzt hat. Die Zuhörer, die auf den Energiefluss eingestimmt sind, der hinter den Worten steht, werden automatisch den inhaltlich richtigen Wortlaut wahrnehmen, während die anderen nur der Übersetzung des Mediums lauschen. Der beste Weg, um Klarheit zu gewinnen, liegt darin, die eigene innere Stimme des Höheren Selbst zu Rate zu ziehen und die praktische Vernunft zu gebrauchen. Wenn sich etwas völlig albern anfühlt und keinerlei Wert im Alltag hat, ist es sicher besser, die übermittelte Botschaft nicht zur Handlungsgrundlage zu machen. Generell ist es sinnvoll, alle Stellungnahmen aus den Geistigen Welten wie die eines irdischen Ratgebers oder Freundes zu betrachten, denen man ja auch nicht blind vertrauen sollte. Wenn eine Mitteilung Wahrheit enthält, wird sie in der Regel durch andere, unabhängige Quellen bestätigt und sperrt sich nicht durch geistiges Hinterfragen. Ich habe die Erfahrung gemacht, dass eine spirituell qualifizierte Aussage sich durch logisches Überdenken und Nachspüren immer vom Bewusstsein als wahr erkennen lässt, während eine unwichtige oder nicht zutreffende Aussage sich mit geringen geistigen Anstrengungen selbst entlarvt. Wichtig und schwierig ist dabei allerdings, das Gleichgewicht zwischen starren Vorurteilen und blinder Leichtgläubigkeit zu bewahren, denn nicht alles, was sich als wahr herausstellt, lässt sich mit unseren gewohnten Denkmustern auf Anhieb vereinbaren. Ein solches Überprüfen dient unserer geistigen Schulung und trägt wesentlich zur klaren Unterscheidungsfähigkeit bei, eine Eigenschaft, die im Umgang mit den anderen Seinsebenen unerlässlich ist.

Als im 19. Jahrhundert die Annahme einer unbelebten Natur in der westlichen Öffentlichkeit immer mehr zur Grundlage des Weltbildes und der Glaube an Wesenheiten in unsichtbaren Bereichen als primitiver Aberglaube abgetan wurde, bildete sich im Gegenzug eine ständig wachsende Bewegung der spiritistischen Experimente. Tischerücken, Klopfzeichen und Geistererscheinungen wurden zur bevorzugten Beschäftigung der gebildeten Mittelschicht. Gerade weil sich diese Phänomene nicht mit den Gesetzmäßigkeiten der damaligen Wissenschaften erklären ließen, übten sie auch auf intellektuell orientierte Menschen eine eigentümliche Faszination aus.

Eine ähnliche Entwicklung ist heute wieder zu beobachten, bei der spiritistische Sitzungen zu beliebten Freizeitvergnügen unter Jugendlichen werden. Bei der Betonung, mit der von höheren geistigen Ebenen immer wieder auf die Gefahren im Umgang mit anderen Seinsebenen hingewiesen wird, ist es wenig überraschend, wenn durch diese Experimente viele körperliche und geistige Schädigungen hervorgerufen werden. In Unkenntnis der Gesetzmäßigkeiten der feinstofflichen Welten werden durch solche Sitzungen in der Regel niedere Energieformen der astralen (psychischen) Ebene herbeigerufen, die durch ihre außerkörperliche Wahrnehmung zwar einen besseren Überblick über unsere akute Situation haben mögen, doch uns in ihrer spirituellen Entwicklung keinesfalls überlegen sind. Indem sie die energetische Zusammensetzung unserer Körper lesen, sind solche niederen Astralwesen in der Lage, uns betreffende Informationen weiterzugeben, die in unserem Wach- oder im Unterbewusstsein schlummern. Diese Nachrichten wurden von unwissenden Menschen als Botschaften aus dem Reich der Toten gedeutet und lösten eine wahre Welle von Kontaktversuchen mit den „lieben Verstorbenen" aus. Mit Bewusstseinsentwicklung und einem Evolutionsschub in Richtung Freiheit hat das nichts zu tun. Da die Verbindung zu anderen Ebenen, die damals in der Regel unter Trance stattfand, immer Energie benötigt, wurde die Lebensenergie vieler Medien so stark erschöpft, dass sie schwer krank wurden oder starben. Weil die meisten Übermittler zudem nicht über ein ausreichendes Bewusstsein und damit über keinerlei Kontrollmöglichkeit der Vorgänge verfügten, waren die Medien den auf den energetischen Ebenen wirkenden Kräften praktisch ausgeliefert und produzierten in der Regel nicht mehr als simple Phänomene, die die Neugier beschäftigten, ohne zu tieferen Erkenntnissen zu führen.

In dieser Szene Ende des 19. Jahrhunderts erschien die Russin Helena Petrowna Blavatsky, die zu den erstaunlichsten paranormalen Phänomenen in der Lage war, die sie jedoch durch den bewussten Gebrauch ihrer feineren Körper willentlich steuern und kontrollieren konnte. Seit ihrer Geburt am 11. August 1831 tauchten in ihrer Umgebung bemerkenswerte Ereignisse auf, die Wahrnehmung unsichtbarer Besucher war da noch eine ihrer unspektakulärsten Eigenschaften. Das Bild eines Orientalen mit durchdringendem Blick erschien immer wieder vor ihrem geistigen Auge, bis sie diesem Mann 1851 leibhaftig im Londoner Hyde Park begegnete. Er war Gast der britischen Regierung und einer indischen Delegation zugehörig. Sein Name war El Morya. Auf ihren späteren Weltreisen gelang es ihr, sich 1864 Zugang nach Tibet zu verschaffen, und dort erhielt sie von eben El Morya und von Kuthumi, zwei höheren Eingeweihten der tibetischen Mönchshierarchie, eine Ausbildung, die ihr den Zugang zu höherem inneren Wissen ermöglichte. Dies bildete die Grundlage für ihr erstes Buch „Isis entschlüsselt", das ihr zu weltweiter Aufmerksamkeit verhalf, die sie dazu benutzte, 1875 während ihres USA-Aufenthaltes zusammen mit dem ehemaligen Oberst Henry Steel Olcott die Theosophische Gesellschaft ins Leben zu rufen. Die Ziele dieser Gesellschaft wurden später so umschrieben:

1. Einen Kern der universellen Bruderschaft der Menschen ohne Unterschied von Rasse, Religion, Geschlecht, Kaste und Farbe zu bilden;
2. das vergleichende Studium der Religionen, Philosophien und Naturwissenschaften zu fördern;
3. die unerkannten Gesetze der Natur und die im Menschen verborgenen Kräfte zu erforschen.

Ende 1878 siedelte Frau Blavatsky zusammen mit Oberst Olcott nach Indien über. Die Öffentlichkeit zeigte an all ihren Unternehmungen reges Interesse, da Madame Blavatsky ein Original war und ihrer Umgebung ständig neues Futter für die Klatschpresse lieferte. Ihr Benehmen entsprach nicht immer dem, was man in britischen Kreisen von einer gebildeten Dame erwartete, doch war sie von bemerkenswerter Entschlossenheit und Hartnäckigkeit. Dadurch brachte sie die richtigen Voraussetzungen mit, um sich mit einem völlig unorthodoxen Weltbild auf den Präsentierteller zu setzen. Auf den feinstofflichen Ebenen war sie in ständigem Kontakt mit ihren als Mahatmas bekannten Lehrern El Morya und Kuthumi, die in einem Kloster in der Nähe von Shigatse in Tibet lebten, wenn sie nicht auf einer ihrer vielen Reisen innerhalb des Landes waren. Von dort sandten sie telepathische Briefe, die sich mit Hilfe ihrer Schüler aus dem Äther materialisierten und deren Echtheit von Unwissenden oft in Frage gestellt wurde. Dabei ging es den Mahatmas keinesfalls um das Erzeugen von Phänomenen, die sie so weit als möglich zu vermeiden suchten und als Beweismittel für die Existenz unsichtbarer Kräfte ablehnten. Es war dies unter den damaligen Umständen und Grenzverhältnissen der einzige Weg, überhaupt einen regelmäßigen schriftlichen Kontakt zu gewährleisten. Auf diesem Wege kam auch eine längere Korrespondenz mit dem englischen Journalisten Alfred Percy Sinnett zustande, der in Indien eine einflussreiche Zeitung her-ausgab. Vom Oktober 1880 bis zum März 1885 erhielt Sinnett ausführliche Briefe als Antwort auf seine spirituellen und geistigen Fragen, deren Originale im Britischen Museum in London aufbewahrt werden. Der geistige Urheber der Briefe auf tibetischer Seite war in der Regel Kuthumi, der als junger Mensch zur Ausbildung nach Europa geschickt worden war und dort Einblicke in das westliche Wissen gewonnen hatte, die ihm den Versuch einer Übertragung der buddhistischen Begriffswelten in die englische Sprache und Mentalität erst ermöglichten. Obwohl alle Zweige der Weißen Bruderschaft im Kern die eine Wahrheit lehren, haben die einzelnen Zweige doch verschiedene Formen und Systematiken, diese Wahrheit darzustellen.

Der Weg zur Weisheit ist dem Denken und Fühlen der jeweiligen Region angepasst, was bedeutet, dass die ersten Lektionen auf einem westlichen Einweihungsweg ganz anders aussehen können als die auf einem östlichen, auch wenn beide zum selben Ziel führen. Deshalb war die Unterweisung von Europäern in die Gedankenwelt des tibetischen Buddhismus eine schwierige Sache, zumal viele Anhänger der Theosophischen Gesellschaft zunächst mehr an dem Erleben von Wundern und Phänomenen interessiert waren als am Erwerb von Weisheit oder dem zentralen Anliegen von einer Bruderschaft der Menschheit. Zudem erwarteten manche Mitglieder, dass die Meister für alle Bedürfnisse jederzeit zur Verfügung standen, als würde es sich bei den Mahatmas um Geister aus der Flasche handeln, die wie bei Aladin nur dazu da sind, um die Wünsche der Menschen zu erfüllen. Da geistige Lehrer jedoch nicht dafür zuständig sind, den geeignetsten Standort für ein neu zu eröffnendes Geschäft zu bestimmen oder die passende Ehefrau auszuwählen, fühlte sich manch einer durch falsche Erwartungen betrogen, wodurch die Gerüchteküche um Helena Blavatsky immer am Brodeln blieb, die letztendlich durch ihr mitunter übereifriges Bemühen, ihre Lehrer ins rechte Licht zu rücken, für alle Enttäuschungen verantwortlich gemacht wurde. Die ständigen Angriffe auf ihre Person von Seiten ehemaliger Sympathisanten, aber auch von Seiten der Amtskirchen schlugen sich auf ihre Gesundheit, und so gaben ihr die Ärzte mehr als einmal nur noch wenige Stunden des Überlebens. Nach Berichten von Augenzeugen erschien in diesen Fällen El Morya an ihrem Krankenlager und stellte ihr frei, in die fein stofflichen Bereiche überzuwechseln oder noch länger am Leben zu bleiben, um ihr Mammutwerk „Die Geheimlehre" zu vollenden. Madame Blavatsky entschied sich für letzteres und wurde mit neuer Vitalenergie aufgeladen, was die Ärzte in größtes Erstaunen versetzte. Bald nachdem sie ihr Werk abgeschlossen hatte, ging sie 1891 freudigen Sinnes in die anderen Ebenen über.

Es ist hauptsächlich auf das Bemühen von Kuthumi und El Morya und ihrer Schüler zurückzuführen, die als einzige an einer Verbreitung des okkulten tibetischen Wissens in der übrigen Welt interessiert waren, dass heute viele Samen der Theosophischen Gesellschaft Früchte tragen, auch wenn Kuthumi 1885 die Versuche, der Welt die Augen für die innere Wahrheit zu öffnen, als weitgehend gescheitert ansah. So war Rudolf Steiner von 1902 an Generalsekretär der deutschen Sektion der Theosophischen Gesellschaft, bevor er zehn Jahre später seine Anthroposophische Gesellschaft gründete, die bis heute einen weitreichenden Einfluss in der europäischen Gesellschaft hat (Waldorfschulen, biologisch-dynamischer Anbau in der Landwirtschaft usw.). Mahatma Gandhi, der Maler Wassily Kandinsky, der Anfang des Jahrhunderts die gegenstandslose Malerei ins Leben rief, und der Komponist Alexander Skrjabin, der den mystischen Akkord erfand, profitierten nach eigenen Aussagen von H.P. Blavatskys Werk „Schlüssel zur Theosophie". Die Meisterflaschen der Aura-Soma Öle von Vicky Wall haben die Namen derer bekommen, die mit ihrer energetischen Essenz ihr Werk in eine erweiterte Ausdehnung führten. Auch wenn mit dem Begriff der Weißen Bruderschaft und den damit bekannten Namen im Laufe dieses Jahrhunderts viel Missbrauch betrieben wurde (Daskalos wurde deshalb aufgefordert, seine Zirkel zur Wahrheitsforschung nicht öffentlich mit dem Namen der Weißen Bruderschaft in Verbindung zu setzen), liegen im öffentlichen Wirken dieser kleinen Gruppe doch die Wurzeln für vieles, was heute in der sogenannten Lichtarbeit Tradition hat. Dabei soll nicht übersehen werden, dass Frau Blavatsky sicher nicht die optimale Vertreterin in der äußeren Welt für die Ziele der Weißen Bruderschaft war. Ihre schriftlichen Ausführungen sind teilweise für Uneingeweihte nur schwer nachzuvollziehen; so wirr und sprunghaft, wie sie sich im Alltag gebärden konnte, waren mitunter auch ihre Aufzeichnungen. Bei aller Genialität fehlten ihr doch die Ausgewogenheit und innere Ruhe, die ein Meisterbewusstsein kennzeichnen. Doch sie war nach Aussagen ihrer Lehrer durch die Beschaffenheit ihrer feinstofflichen Körper das beste Werkzeug, was die Oberen der tibetischen Sektion der Weißen Bruderschaft nach einem Jahrhundert erfolgloser Suche für ihre Arbeit finden konnten; und viel von H. P. Blavatskys Verrücktheit und Instabilität erklärt sich durch den Spagat, den sie auf den inneren Ebenen machen musste, um gleichzeitig in der westlichen Welt agieren und den direkten Kontakt zu ihren tibetischen Meistern halten zu können.

Kuthumi (sein tibetischer mystischer Name) wurde in Punjab in Indien geboren und zeigte seit seiner Jugend großes Interesse an spirituellem Wissen. Durch seinen Onkel kam er erst nach Oxford in England, bevor er später ganz in die östliche Weisheit eingeweiht wurde. Zur Zeit seines Briefkontakts mit A. P. Sinnett stand er im Range eines Arhats und wirkte in den entsprechenden Aufgaben seines tibetischen Ordens. Ein Arhat (Ehrwürdiger) hat nach der buddhistischen Terminologie die vierte Einweihungsstufe erreicht und wirkt im Christusbewusstsein. Da er vor der Einweihung in die volle Adeptschaft stand, zog er sich vorübergehend aus dem öffentlichen Wirken zurück und legte den Briefkontakt in El Moryas Hände, der sichtlich vor größeren Schwierigkeiten stand als Kuthumi, mit der englischen Mentalität zur Kolonialzeit zurechtzukommen. Es ist bezeichnend für Kuthumis sanftmütiges und geduldiges Wesen, dass er als Einziger innerhalb seines Ordens willens war, seine knapp bemessene freie Zeit diesem Experiment eines spirituellen Fernkurses zu widmen. Durch sein großes Mitgefühl war er stets bereit, lieber eine Anstrengung zu viel als zu wenig zu machen, wenn es eine noch so geringe Chance gab, das innere Licht der Welt zu vergrößern. H. P. Blavatsky stellte ihn in ihrem Überschwang deshalb manchmal als einen „Engel an Reinheit und Licht" dar, was Kuthumi keinesfalls recht war. Er legte Wert darauf, als Mensch aus Fleisch und Blut angesehen zu werden, der bei allem Wissen und Können auf den inneren Ebenen weder unfehlbar noch allmächtig war. Um 1889 herum erlangte er Adeptschaft, was bedeutet, dass er sein Wesen in völlige Übereinstimmung mit dem universellen Sein brachte und dadurch „im Bereich absoluter Einheit und Erkenntnis der Naturgesetze existiert" (El Morya).

Dieses vollständige Eintauchen in sein Höheres Selbst gab ihm umfassendere Handlungsmöglichkeiten, und er unterstützte in den letzten hundert Jahren viele Menschen aus den feinstofflichen Bereichen heraus. An Musik hat Kuthumi ein besonderes Interesse und von Hellsichtigen wurde wahrgenommen, wie er an seiner Orgel improvisierte, um durch erhebende musikalische Schwingungen auf die höheren Körper der Menschen hilfreich einzuwirken oder andere Komponisten zu inspirieren. Dabei arbeitet er mit großen Musikdevas zusammen, die dem Reich der Erzengel und Naturwesen angehören, zu dem er bereits in der ihm zugesprochenen früheren Verkörperung als Franz von Assisi (1181-1226) eine enge Verbindung knüpfte.

Der Philosoph Pythagoras ist eine andere seiner Inkarnationen (580-500 v. Chr.), der u. a. bereits über ein unsterbliches, wahres Selbst und die Sphärenmusik gelehrt hat. Kuthumi ist heute bekannt als Cohan des zweiten Strahls, der für Erleuchtung durch Liebe, Weisheit und Verständnis zuständig ist. Er gilt als sehr belesen und beschäftigt sich mit der Erneuerung philosophischer Systeme. Sein Hauptanliegen ist die Umsetzung der Herzensenergie im gelebten Alltag und die Bewusstwerdung der globalen Einheit. In ätherischen Regionen soll er über dem Gebiet von Kashmir in Indien dem Tempel der Weisheit vorstehen.

El Morya (gesprochen El Muria), bevor er sich in die Einsamkeit Tibets zurückzog und ein gebürtiger Prinz von Rajeput, war der eigentliche Meister von H.P. Blavatsky, die ihn auch liebevoll „den Boss" nannte. In seiner Art sehr direkt und ohne Umschweife, wirkte er im Gegensatz zu Kuthumis zartfühlender Freundlichkeit rau und kurz angebunden, wie Sinnett sich ausdrückte, was ihn aber nicht weniger liebenswert machte. „Ich bin, was ich war; und was ich war und bin, werde ich wahrscheinlich immer sein: Ein Sklave meiner Pflicht gegenüber der Loge (Weißen Bruderschaft) und der Menschheit; bestrebt, jede Vorliebe für Einzelne einer Liebe für die ganze menschliche Rasse unterzuordnen." Dieser Satz von El Morya drückt all sein Verantwortungsgefühl für die Entwicklung der Menschheit und seine unerschütterliche Hingabe an diese Aufgabe aus. Er ist ein Mann der großen inneren Stärke und Kraft, ein treuer Freund und Beschützer, der stets bereit ist, den Willen des göttlichen ALLES-WAS-IST in die Tat umzusetzen, wie es seiner Aufgabe als Cohan des ersten Strahls entspricht. Es verwundert darum nicht, dass er als ein Mann mit sehr strenger Disziplin beschrieben wird und in vielen Leben als König auf der Erde gewirkt hat. Monarchen sollten ihrer göttlichen Bestimmung nach in erster Linie als Repräsentanten des kosmischen Gesetzes ihr Amt ausüben und in diesem Sinne als Diener ihres Volkes tätig sein. Der legendäre König Artur der Avalonzeit, der im Zeitraum zwischen dem 5. und 6. Jahrhundert in England lebte und die Ritter der Tafelrunde anführte, gilt als eine seiner Verkörperungen.

Er hatte zwei Inkarnationen mit dem fast identischen Namen: Thomas Moore:

Als Sir Thomas More (Thomas Morus) lebte er von 1478 bis 1535 als Staatsmann in England, unter Heinrich VIII, durch dessen Machenschaften er schließlich wegen angeblichen Hochverrats hingerichtet wurde.

Er war zu seiner Zeit europaweit als humanistischer Autor bekannt. Sein bekanntestes Werk ist „Utopia".

1935 sprach ihn der Vatikan wegen seines Märtyrertods heilig.

Eine weitere Inkarnation lebte er als irischer Dichter Thomas Moore (1779 bis 1852(, der vor allem für seine Liebesgedichte berühmt ist, die noch heute gesungen werden (u.a. *Tis the Last Rose of Summer)*.

Auf den feinstofflichen Ebenen soll er das Zentrum über der Region Darjeeling in Indien leiten. Politiker und Regierende inspiriert er durch idealistische Gedankenformen und Visionen zu einer konstruktiven und entwicklungsfördernden Ausrichtung.

Der Meister von Kuthumi und El Morya war der Maha Cohan, was kein Name im eigentlichen Sinne ist, sondern eine Amtsbezeichnung (Oberhaupt). Er überwachte das spirituelle Wachstum der beiden in dem Sinne, dass er keine Tätigkeiten gestattete, die in irgendeiner Form eine Beeinträchtigung ihrer Entwicklung darstellten oder sonst eine unnötige Energieverausgabung oder Störung verursacht haben könnten. Schon daraus wird ersichtlich, dass er über eine sehr weitreichende und machtvolle Wahrnehmung verfügt. Über seine Aufgabe wird gesagt, dass er die Autorität über die Aktivitäten der sieben Strahlen darstellt und durch Inspiration die Entwicklung der einzelnen Kulturen gemäß dem Plan des göttlichen ALLES-WAS-IST steuert. Er dirigiert die schöpferischen Kräfte und fördert die Wechselwirkung von Geist und Materie und lenkt in diesem Sinne das Naturreich.

Kuthumis Meisterschüler zur Zeit der Anfänge der Theosophischen Gesellschaft war der Tibetaner Djwahl Khul, der in den Briefen manchmal mit seinem Spitznamen „der Enterbte" erwähnt wird, weil sein Großvater ihn enterbt und dadurch laut Kuthumi sein Glück bewirkt hatte. (In Tibet bekam der erste Sohn immer den gesamten Bodenbesitz einer Familie zugesprochen, um die Ernährungsgrundlage durch ein ausreichend großes Stück Land sicherzustellen. Die übrigen Söhne wurden ins Kloster geschickt, wo sie innerhalb der Gemeinschaft für ihre Versorgung arbeiten konnten. Nur fähige Schüler wurden für höhere Ämter ausgebildet, die einfachen Mönche verrichteten oft landwirtschaftliche oder handwerkliche Dienste.) Offensichtlich war Djwahl Khul ein erstgeborener Sohn, der durch die Enterbung ins Kloster und unter Kuthumis Fürsorge gekommen war. Er bereitete sich auf die Arhateinweihung vor und unterstützte Kuthumi und El Morya sehr in ihrer Arbeit mit der Theosophischen Gesellschaft.

Schon in früheren Inkarnationen soll er mit den beiden zusammengearbeitet haben, unter anderem als Pythagoras' bester Schüler Kleinias und gemeinsam mit El Morya und Kuthumi als einer der drei Weisen aus dem Morgenlande, die Jesus nach seiner Geburt unterstützten.

Djwahl Khul hatte überwiegend in Asien Verkörperungen, es wird gesagt, dass er den Lehren des Gautama Buddha gelauscht hat und oft in Serie als Lama inkarniert war. Um das 19. Jahrhundert herum erlangte er selbst Meisterschaft. Sein spezielles Gebiet ist das spirituelle Training durch Gruppenaktivitäten, und er besitzt ein detailreiches Wissen über das Wirken der Strahlen und der kosmischen Zyklen und Gesetze. In Fortsetzung der Arbeit seines Lehrers diktierte und inspirierte er von 1918 bis 1948 die Bücher von Alice A. Bailey, die ebenso wie Helena Blavatsky über hervorragende Eigenschaften als bewusstes Medium verfügte.

Im Gegensatz zur Tranceübermittlung ist die bewusste Tätigkeit als Kanal für höhere Seinsebenen mit weniger Gefahren durch Einmischung niederer Energieformen verbunden, da alle

Inhalte durch das Bewusstsein der als Channel fungierenden Persönlichkeit kontrolliert werden können. Selbstverständlich schließt diese Vorgehensweise Verfälschungen und Irrtümer nicht aus, denn die eingegebenen Energieimpulse können nur so klar durchkommen, wie es die Reinheit und Klarheit der Persönlichkeit zulassen. Nur sehr wenige Menschen sind in der Lage, mit ihrem Wachbewusstsein über die Astralsphäre hinaus bis in die höhere Mentalwelt (auch Kausalebene genannt) vorzudringen, von wo aus die Meister der Weißen Bruderschaft auf die Menschheit einwirken, und auch dann ist eine unkorrekte Interpretation des Wahrgenommenen noch möglich. So kann es selbst bei den besten Voraussetzungen zu Verzerrungen und Entstellungen kommen, die durch die persönlichen Begrenzungen des Kanals ausgelöst werden. Viele bewusste Medien, die über hellseherische oder hellhörende Fähigkeiten verfügen, können nur Energiemuster der astralen Ebene empfangen, auf die wenig Verlass ist. Dazu kommt, dass sich niedere Energieformen gerne klangvoller Namen bedienen, um sich Gehör zu verschaffen. Da die Namen von Meistern der Weißen Bruderschaft durch das Wirken von Helena Blavatsky weltweite Beachtung erfahren haben und mitunter zum Beispiel der Titel St. Germain ausreicht, um sich blinde Aufmerksamkeit zu sichern, ist ein persönliches Abwägen der auf medialem Wege erlangten Unterweisungen unerlässlich. Paranormale Fähigkeiten allein sind noch kein Hinweis auf eine fortgeschrittene spirituelle Entwicklung.

Die Nachfolge von Frau Blavatsky und Oberst Olcott in der Theosophischen Gesellschaft nahmen Annie Besant (1847 bis 1933) und Charles Webster Leadbeater (1847 bis 1934), Priester der englischen Hochkirche und späterer Mitbegründer und Bischof der Liberal-katholischen Kirche, ein, von denen man sicher auch sagen kann, dass sie ihr Bestes gaben, aber eben nicht fehlerlos waren. Der entscheidende Irrtum der beiden lag sicher in der Leidenschaft, mit der sie Jiddu Krishnamurti (1895 bis 1986) als kommenden Weltlehrer in der Nachfolge von Jesus aufzogen und ankündigten. In der Überzeugung, dass der das Christusbewusstsein verkörpernde Buddha Maitreya, der von den höheren feinstofflichen Ebenen wirkt, auch am Ende dieser 2000 Jahre-Dekade ein menschliches Trägermedium brauchen würde, schulten sie den Brahmanensohn Krishnamurti von jungen Jahren an in der Aufgabe, der ihm zugedachten Rolle gewachsen zu sein. Dabei wurde von den Leitern der Theosophischen Gesellschaft ein Kult um seine Person aufgebaut, der viele abstieß, zuletzt Krishnamurti selbst.

Seit seiner Kindheit in ein strenges Korsett theosophischer Glaubenssätze gezwängt, rebellierte er zum Zeitpunkt seiner Arhateinweihung gegen das vorgesehene Programm, löste den für ihn gegründeten Sternorden auf und wandte sich in seinen Reden nicht nur gegen die Theosophie, sondern generell gegen Meister und Kirchen aller Richtungen. Bis zu seiner Arhateinweihung, bei der der Schüler ohne die Hilfe seines Meisters in eigener Verantwortung alle auf ihn zukommenden Herausforderungen und Prüfungen meistern muss, stand Krishnamurti unter der energetischen Einwirkung von Maitreya und arbeitete nach den Vorgaben der Weißen Bruderschaft. Doch nur weil sich die Welt in den zwanziger Jahren in einer so kritischen Lage befand und Krishnamurti einen geeigneten feinstofflichen Körperaufbau für diese Arbeit hatte, war Maitreya zu dem Experiment bereit, denn Krishnamurti war von Anfang an kein williges Medium (eine bereitwillig und bewusst gewollte Medienschaft setzt die Bereitschaft voraus, alle persönlichen Wünsche und

Verdrängungen aufzuarbeiten). Deshalb fühlte er sich später frustriert und ausgenutzt und wandte sich infolgedessen wieder der indischen Advaita Philosophie zu, mit der er sich in seinem letzten Leben auseinandergesetzt hatte, und kleidete sie in ein modernes westliches Gewand. Das raubte diesem Weg viel von seiner Kraft, denn er war für das östliche Empfinden konzipiert worden, und die nicht übersetzbaren Sanskritbegriffe spielten darin eine entscheidende Rolle.

Indem Krishnamurti alle spirituellen Orientierungshilfen wie Lehrer und Glaubenssysteme als schädliche Krücken brandmarkte und eine sehr abstrakte Form der Freiheit predigte, verwirrte er viele seiner Zuhörer, denn seine Lehren waren nur für Menschen auf seinem Entwicklungsstand geeignet und keinesfalls eine richtungsweisende Hilfe für die breite Basis der Ratsuchenden. Sicher ist ein starres Anklammern an irgendein spirituelles System ab einem bestimmten Zeitpunkt immer von Nachteil, und sicher ist es von entscheidender Bedeutung, irgendwann sein eigenes Höheres Selbst als den besten Ratgeber für sein persönliches Leben anzuerkennen, doch können einem fortgeschrittene Lehrer auf diesem Weg viel Beistand und Unterstützung geben. Sind aber einmal Zweifel in das Herz eines Menschen eingetreten, ob es Meister oder höherentwickelte Wesen überhaupt gibt, wird den Mitgliedern der Weißen Bruderschaft ein Kontakt unmöglich gemacht. Nur der Ruf des Herzens, der auf der energetischen Ebene wie das Klingeln auf der Telefonleitung des Meisters wirkt, ermöglicht einen Rückruf von seiner Seite. Die Verunsicherung, die Krishnamurti auslöste, ist ein Beispiel dafür, dass die Weiße Bruderschaft auch bei bestem Bemühen und größten Fähigkeiten nicht in der Lage ist, alle ihre Unternehmungen in einen Erfolg zu verwandeln, denn der freie Wille der Menschen macht genaue Vorhersagen unmöglich. Für das göttliche ALLES-WAS-IST ist nur die durchdachte, wohlwollende Absicht und die Gewissheit relevant, unter den vorhandenen Umständen das Möglichste versucht zu haben, nicht das Ergebnis. Nur Gedankenlosigkeit und Gleichgültigkeit sind von Übel.

Durch die Schwingungsanhebung, die unsere Erde zur Zeit erfährt, ist der Zugang zur Astralebene viel durchlässiger geworden, was zu einer wahren Schwemme an gechannelten Botschaften und hellsichtigen Visionen geführt hat. Doch nur wenige dieser zahlreichen Übermittlungen sind wirklich für die Öffentlichkeit relevant, der Großteil der empfangenen Belehrungen ist zur persönlichen Entwicklung gedacht oder entspringt unbewussten Anteilen des eigenen mulidimensionalen Wesens. Viele profitieren von dem erweiterten Wissen, das im Höheren Selbst verankert ist, ohne es zu bemerken. Die Muse, die zur Inspiration von Malern und Musikern ihre Gunst verteilt, ist nichts anderes als der Empfang eines Energieimpulses aus höheren Regionen. Mozart, Strauß, Bach und Beethoven sind so zu ihren Meisterwerken gelangt, aber auch Keith Richards von den Rolling Stones spricht davon, dass er nur seine Antenne auf Empfang stellen braucht, damit der fertige Song in seinem Kopf landet. Der berühmt berüchtigte „Block" bei kreativ Schaffenden ist die Umschreibung für einen Zustand, in dem diese Verbindung zu den höheren Ebenen empfindlich gestört worden ist. Das Empfangen der Impulse ist jedoch nur der erste Schritt, die eigentliche Herausforderung liegt in der Umsetzung auf der materiellen Ebene. Letztendlich zählt nicht, was wir im Kopf haben, sondern was wir in unseren Handlungen im täglichen Leben davon verwirklichen können.

Babaji

Die Kumaonregion in den Ausläufern des Himalajas ist in Indien die Heimat vieler großer Heiliger. In einer Höhle am Fuß des Berges Kailash, die seit Tausenden von Jahren als heilig gilt, erschien im Juni 1970 der Mahavatar Babaji. Ein Mahavatar ist eine direkte Manifestation aus dem göttlichen ALLES-WAS-IST ohne menschliche Geburt. Dementsprechend sind weder Eltern noch Familie von Babaji bekannt. Der Name Babaji bedeutet verehrter oder heiliger Vater, eine in Indien gebräuchliche Anrede für spirituelle Persönlichkeiten. In Ermangelung eines bürgerlichen Namens ist dieser Begriff zum Synonym für die Wesenheit Babaji geworden. Babaji wirkte zu Beginn auf seine Anhänger abwechselnd wie ein alter Mann mit Bart und wie ein junger Mann von ungefähr 18 Jahren. Die Erscheinung als junger Mann behielt er dann mehrere Jahre bei, zeigte jedoch von Anfang an große Weisheit und göttliche Kräfte. In dieser Anfangszeit seines Wirkens war er von fast transzendentem Aussehen und überirdischer Schönheit, er sprach und aß sehr wenig, und konnte wochenlang in perfekter Yogahaltung meditieren, ohne sich zu bewegen oder sonstige menschliche Bedürfnisse zu haben. Ohne seine Fähigkeiten öffentlich zur Schau zu stellen, wirkte er im Verborgenen viele Wunder und konnte auch an mehreren Orten gleichzeitig erscheinen, wenn die Umstände dies erforderten. Nach einer Phase des öffentlichen Wirkens und Reisens in verschiedenen Teilen Indiens baute Babaji mit einfachsten Mitteln einen Ashram in Haidakhan auf, einem kleinen Dorf in der unmittelbaren Umgebung der Höhle, in der er zuerst durch eine Vision von einem seiner Schüler gefunden worden war. Der Name Haidakhan steht für die Anwesenheit der vier Elemente und ist auch als heiliges Mantra in Gebrauch.

Durch Haidakhan fließt der Gautama Ganga, dessen Wasser eine tief reinigende Wirkung für die Aura hat.

Aus aller Welt rief Babaji seine Schüler durch Visionen zu sich, um ihnen zu vermitteln, worauf es bei dem Transformationsprozess der Erde jetzt ankommt. Einfachheit, Wahrheit und Liebe als Voraussetzungen für ein menschlicheres Antlitz der Welt sind wichtige Aspekte seiner Botschaft, die er mehr durch seine Ausstrahlung und seine Handlungen denn durch Worte vermittelt hat. Zur Einfachheit gehört der bewusste, verantwortungsvolle und selbstlose Umgang mit der Lebensenergie, der unnötige Komplizierungen durch Machtbestrebungen, Eitelkeiten oder falschen Stolz vermeidet. Wie oft ist ein Problem nicht auf die einfachste Art und Weise gelöst worden, sondern durch die, die den meisten Geldgewinn oder den größten Machtzuwachs versprach. Von der Industrie über die Wirtschaft bis zur Politik: Es sind nicht die einfachen und geradlinigen Strukturen, die unsere Gesellschaft ausmachen. Wahrheit bedingt die Übereinstimmung von innerem Denken und äußerem Handeln, dazu gehört der aufrichtige und ehrliche Umgang mit uns selbst und unseren Mitmenschen. Wie schon in vorangegangenen Kapiteln angesprochen, schaden wir uns und unserer Umgebung durch destruktive Energieimpulse mehr, als es zunächst vielleicht den Anschein hat. Die Ausstrahlung kontinuierlicher und einander entsprechender Energiemuster zieht zwangsläufig deren Verdichtung in der materiellen Welt nach sich und ist somit der Grundstein für ein wirklich erfülltes und erfolgreiches Leben. Wer glaubt, durch Lügen und Betrügen reich und glücklich zu werden, wird irgendwann das Gegenteil feststellen, spätestens wenn er am Ende seines irdischen Daseins ist. In den feinstofflichen Regionen, in die der Mensch nach dem Tod überwechselt, erlebt jeder das Dasein gemäß den angesammelten Energiemustern in seinen Körpern, spätestens hier wird Mogeln unmöglich. Von daher haben die Kirchen mit ihren Hinweisen auf die Belohnung im Himmel nicht ganz unrecht, doch sollte das Hauptaugenmerk zur Zeit der Verkörperung auf den konkreten irdischen Umständen liegen.

Liebe ist in diesem Zusammenhang ein Schlüsselwort, und damit ist nicht der Kitzel der prickelnden Emotionen im Bereich der Magengrube gemeint. Sehr leicht wird Liebe mit Leidenschaft verwechselt, je heftiger und schmerzvoller das gegenseitige Verlangen, umso größer wird die Liebe eingeschätzt. Wahre Liebe ist ein Impuls, der vom Herzen ausgeht und sich verströmen möchte. Göttliche Liebe verschenkt sich selbst bedingungslos, weil sie der Fülle eines befreiten Herzens entspringt und sich beständig neu schöpft. Leidenschaft, der Kick zwei sich vermischender Energiekörper, verbrennt sich irgendwann von selbst wie ein loderndes Strohfeuer, und zurück bleiben Aufruhr und Leere. Liebe ist eine immerwährende wärmende Flamme, die nicht den Besitz über das Objekt ihrer Zuneigung einfordert. Lieben lernen bedeutet, diese Flamme in sich zu entfalten, und dafür kann eine Leidenschaft durchaus den Anstoß geben. Aus diesem Grund plädieren die Meister der Weißen Bruderschaft für längerfristige Zweierbeziehungen, denn bei fortgesetzten „One-Night-Stands" zur Befreiung des Hormondrucks verbraucht sich die eigene Lebensenergie sehr schnell, die sonst zum Aufbau unterstützender Energiequalitäten verwendet werden könnte. Eine gute partnerschaftliche Beziehung ist nicht das Ende aller Schwierigkeiten, sondern die Basis für eine erfolgreiche Bewältigung anstehender Herausforderungen.

Babaji betonte immer wieder die Bedeutung der ständigen inneren Ausrichtung auf das göttliche ALLES-WAS-IST. Da Anhänger der unterschiedlichsten Religionen zu ihm kamen, riet er dazu, den Weg des eigenen Herzens zu gehen und die Bezeichnung für das Göttliche zu wählen, die dem persönlichen Empfinden am nächsten liegt. Er selbst lebte und lehrte in einer hinduistischen Umgebung und empfahl deshalb das permanente geistige Wiederholen des Mantras OM NAHMA SHIVAYA, was ungefähr mit „Herr, dein Wille geschehe" oder „Ich vertraue mich Gott an" übersetzt werden kann. Die energetische Bedeutung dieses Mantras geht jedoch viel tiefer: OM (gesprochen AUM, siehe das „Amen" des Christentums) ist die Ursilbe der Schöpfung, der Laut, aus dem sich alles entwickelt hat.

Das Universum besteht aus energetischen Schwingungen, und OM repräsentiert die Energiefrequenz, aus der heraus sich die Welt entfaltet hat. Wenn man sich OM mit „So sei es!" annähert, wird der manifestierende Charakter dieser Schwingung deutlich. NAHMA lässt sich mit „Ich verbeuge mich vor dir" wiedergeben, was auch „ich respektiere", „ich erkenne an", „ich gebe mich hin", „ich vertraue" mit umschreibt. SHIVA steht im Sanskrit für „einer, der Glückseligkeit schenkt", aber auch für die Zerstörung des Bestehenden, um den Weg für das Neue zu ebnen. Daraus lässt sich ableiten, dass die ständige geistige Ausrichtung auf das Mantra OM NAHMA SHIVAYA unsere eigene Schwingung an die göttliche Urschwingung angleicht, aus der dieses Universum geboren wurde. Gleichzeitig wird dadurch die demütige Hingabe und das völlige Vertrauen in den jetzt stattfindenden Transformationsprozess ausgedrückt, der zwar auch zerstörerische Aspekte beinhaltet, letztendlich jedoch zur Glückseligkeit führt, indem er die täuschende Illusion vernichtet.

Wer den fließenden Energien keinen Widerstand entgegensetzt, ist automatisch geschützt, weil jedes Unheil sich nur durch eine Energieblockade entwickeln kann. Daraus erklärt sich, warum OM NAHMA SHIVAYA zugleich ein starkes Schutzmantra ist, das selbst gegen atomaren Niederschlag immun machen kann. Auch bei den Atombombenabwürfen auf Hiroshima und Nagasaki gab es eine sehr selektive Gruppe von Menschen, die inmitten der Niederschlagszone mit sehr viel geringeren Schädigungen davonkamen als die Menschen um sie herum. Es wird gesagt, dass sich in dieser Gruppe sehr tief im Glauben verwurzelte Menschen befanden. Der Glaube kann in der Tat Berge versetzen und Wunder vollbringen, wenn er nicht auf oberflächlichem Schein, sondern auf einer gezielten inneren Ausrichtung gegründet ist. Das Energiereservoir, das durch diese Ausrichtung geschaffen wird, verhilft dazu, Unmögliches möglich zu machen. Die geistige Konzentrationsübung der fortwährenden Zuwendung zum göttlichen ALLES-WAS-IST befreit das Denken von allem negativen Ballast und bewirkt eine Verankerung des Bewusstseins in der Gegenwart des Höheren Selbst.

St. Germain erwähnt in seinen ICH BIN-Lehren, dass die Ausrichtung auf das OM in den östlichen Traditionen denselben Sinn erfüllen soll wie heute die Ausrichtung auf das Christusbewusstsein oder das Höhere Selbst oder die ICH BIN-Gegenwart. Nur reicht das Singen oder geistige Wiederholen der Silbe OM oder irgendeines anderen Mantras allein nicht aus, eine wirkliche Entfaltung des Bewusstseins herbeizuführen. Dazu ist die praktische Anwendung der gewonnenen Erkenntnisse nötig, die Verankerung des Wissens in der materiellen Ebene. Nur gelebtes Wissen geht so in Fleisch und Blut über, dass der Einklang mit den göttlichen Gesetzen zum natürlichen Zustand und so der menschliche Körper wie bei Jesus zum vollkommenen Ausdrucksmittel des Höheren Selbst wird. Da der Punkt der Umsetzung in den Alltag in den östlichen Ländern oft vernachlässigt wird, in den westlichen Ländern dagegen oft hektische Aktivität ohne irgendeine Ausrichtung auf höhere Ebenen vorherrscht, bemühen sich die Abgesandten der Weißen Bruderschaft seit längerem um eine Annäherung beider Welten, damit jede von der anderen lernen kann. Und so kann es kommen, dass Südostasien materialistischer wird als viele westliche Länder und dafür östliche Meditationsformen im Westen weiteste Verbreitung finden.

Paramahansa Yogananda, der im folgenden Kapitel näher vorgestellt wird, war im Auftrag von Babaji im Westen zur Verbreitung der Yogalehren tätig. Durch sein Buch „Autobiographie eines Yogi" haben viele Menschen erstmals mit Babaji Bekanntschaft gemacht. Er wird darin als unsterblicher Meister geschildert, der seit vielen Jahrhunderten im Himalaja lebt und einen kleinen Kreis von Schülern unterrichtet, wobei er sein Wirken überwiegend im Unsichtbaren verrichtet und sich nur von Zeit zu Zeit zu besonderen Anlässen sichtbar macht. Babaji hat oft wichtigen Lehrern der Menschheit Einweihungen in höheres Wissen gegeben. Nach eigenen Aussagen war er einer von Jesu Lehrern; tibetische Mönche ehrten ihn in seinem letzten Leben als „Lama Baba", der 500 Jahre zuvor in Tibet gelebt hatte. Andere Hinweise deuten auf eine Verbindung zu den großen Lehrern Krishna, Shankaraya und Milarepa hin. Im Herbst des Jahres 1861 weihte er auf dem Berg Drongiri in der Nähe der nepalesischen Grenze Lahiri Mahasaya ein, der der Guru von Yoganadas Meister Sri Yukteswar wurde. Zwischen 1800 und 1922 ist sein jesusähnliches Wirken als „Haidakhan

Baba" durch mehrere schriftliche Dokumente belegt. Er heilte, erweckte Tote zum Leben, veränderte seine Form, vermehrte Nahrung, war an mehreren Orten gleichzeitig und nährte das Heilige Feuer in der Zeremonie mit Wasser, als das Butterfett ausgegangen war. Mehr als alles andere aber zog sein göttliches, weises und liebevolles Wesen die Menschen zu ihm. Vor Augenzeugen manifestierte er sich bei seinem Erscheinen aus einem Lichtball; 1922 löste er sich vor seinen engsten Schülern wieder in Licht auf, versprach aber, zum Wohle der Menschheit wiederzukommen. Sein Wiedererscheinen im Jahre 1970 kündigte sich durch zahlreiche Hinweise an, 1949 wies er Mahendra Baba an, einen seiner inbrünstigsten Anhänger, dem er bereits als Kind erschienen war, alles für seine Wiederkehr in sterblicher Menschengestalt vorzubereiten. Mahendra Baba gab seinen Schülern ein Zeichen, woran sie den wahren Babaji bei seiner Rückkehr erkennen konnten. Er starb, kurz bevor Babaji sich wieder der Öffentlichkeit zu erkennen gab, und Mahendras Anhänger wurden zu Babajis Schülern, als dieser das geheime Erkennungszeichen offenbarte. Einer dieser Schüler ist der Gelehrte Shri Vishnu Datt Shastriji, der inspiriert durch visionäres Schauen ein Buch über Babaji mit dem Titel „Sada Shiva Charitarnrit" verfasste, indem er den Ashram Babajis beschrieb, den er erst zehn Jahre später besuchen sollte und der genauso war, wie er ihn in seiner Vision wahrgenommen hatte. In einem der Kapitel beschreibt Shastriji Babaji in tiefer Meditation, umgeben von seinen engsten Anhängern, dazu gehören unter anderem Kuthumi, Sananda (ein Name, der in der geistigen Welt oft für Jesus gebraucht wird) und Sanat Kumara.

Mit den Jahren wurde Babajis Aussehen zunehmend menschlicher und weniger transzendent, er lachte und sprach mehr mit den Menschen um sich herum und nahm eine fülligere Form an. Seine Energie war nach wie vor unerschöpflich. Spontan und individuell reagierte er auf jeden seiner Ashrambesucher und rief in ihnen dadurch die Punkte wach, die einer bewussten Bearbeitung bedurften. Weit entfernt vom Klischeebild eines leblosen Heiligen, spiegelte er unberechenbar wie ein Kind die ganze Bandbreite menschlichen Verhaltens wider, wenn es darum ging, innere Lektionen zu vermitteln. In seinem Ashram herrschten ein geregelter Tagesablauf und Disziplin. Wer sich dem nicht anpassen wollte oder vorerst genug aus seiner direkten Umgebung gelernt hatte, konnte von heute auf morgen vor die Tür gesetzt werden.

Noch vor Sonnenaufgang begann der Tag mit einem kalten Bad im Fluss, anschließend führte Babaji eine spezielle Feuerzeremonie durch, während gewisse Mantren gesungen wurden, um bestimmte feinstoffliche Energien in die Umgebung und in den unterirdischen Bereich der Erde anzuziehen und dadurch die Atmosphäre zu reinigen. Babaji hat diese Zeremonie an vielen Orten Indiens ausgeführt und damit einen Teil des alten vedischen Wissens wiederbelebt. Dem folgte eine hinduistische Verehrungs- und Lichtzeremonie (Aarati), die von hingebungsvollen Gesängen begleitet wird, die zum Teil traditionellen Ursprungs sind, zum Teil von Mahendra Baba komponiert wurden. Bis zum Mittag wurde dann an Gemeinschaftsprojekten gearbeitet, wie Häuser und Mauern bauen, einen Garten anlegen oder Steine aus dem Fluss schleppen. Nach einem vegetarischen Mittagessen war Zeit zum Ausruhen oder für das vorgeschriebene zweite Bad, dem eine zweite Phase gemeinschaftlichen Arbeitens bis zum Abendessen folgte. Daran schloss sich wieder eine Aaratizeremonie an, die mit gemeinsamem Singen

und mitunter einer kurzen Ansprache von Babaji den Tag aus-
klingen ließ. Babaji ermunterte jeden, sein Bestes zu geben und
harte Arbeit nicht zu scheuen. Seiner Meinung nach war eine
laxe und unentschlossene Haltung einer der Gründe für die vielen Übel in der Welt. Wo es mangelte, sollten alle beherzt eingreifen, um den Zustand zu beenden. Wenn man daran denkt,
wieviele Berichte es gibt, in denen Augenzeugen von gewalttä-
tigen Übergriffen auf Ausländer sich lieber blind und taub stellen
als solidarisch einzuschreiten, wird sehr deutlich, warum Babaji
sich oft für unerschrockenes und mutiges Handeln aussprach.
Babaji hat durch das gemeinsame Wirken von Menschen aus
allen Ländern, Religionen und Kontinenten praktisch vermittelt,
wieviel in kurzer Zeit durch vereintes Schaffen zu erreichen ist.

Die uneigennützige Arbeit für die Gemeinschaft ist ein sehr
wichtiger Punkt von Babajis Botschaft für die heutige Zeit, in Indien mit dem Begriff Karma Yoga belegt. Das Wort Karma weist
schon darauf hin, dass der Sinn der persönlichen Bemühungen
in der Auflösung der niederen, bindenden Energieformen liegen soll, die durch eine egozentrische Ausrichtung geschaffen
werden. Da der Mensch in einem Körper ist, um sich durch ihn
in der dreidimensionalen Welt auszudrücken, gehören Handlungen und kreatives Schaffen zu seiner Natur. Ist dieses Handeln an dem orientiert, was im Interesse der gesamten Menschheit liegt und entspricht es den Notwendigkeiten der Zeit, wird
statt negativem, bindendem Karma positives, unterstützendes
Karma aufgebaut. Auf diese Weise wird Karma, das energetische Produkt menschlicher Taten und Absichten, nicht zu einer
Bremse in unserem weiteren Wachstum, sondern kann uns in
unserer Entwicklung nach oben ziehen. Das entspricht dem Unterschied zwischen destruktiven und konstruktiven Energiefor-

men bei Daskalos. Das Entscheidende bei all unserem Tun sind unsere persönliche Motivation und Ausrichtung. Deshalb sprach sich Babaji stets für eine Kombination von Japa, der permanenten Einstimmung auf das göttliche ALLES-WAS-IST, und Karma Yoga als dem leichtesten Weg zur spirituellen Entfaltung in der heutigen Zeit aus. Karma Yoga als selbstloser Einsatz für die Verbesserung der irdischen Verhältnisse ist die praktische Umsetzung der Überzeugung und Gewissheit, dass es im Kern keine Trennung zwischen dem göttlichen ALLES-WAS-IST und den Manifestationen seiner Schöpfung gibt: Dienst an der Menschheit ist Gottesdienst. Weil Karma Yoga der Entfaltung des göttlichen Evolutionsplans gewidmet wird und deshalb mit keinerlei persönlichen Erwartungen verknüpft ist, kann es auch nicht zu frustrierenden Ergebnissen kommen. Wenn man sich selbst nur als Werkzeug für die durch einen selbst wirkenden göttlichen Energien sieht, wird die Arbeit nicht zum Objekt der persönlichen Identifikation. Erfolg oder Misserfolg der eigenen Aktivitäten sind nicht länger Anlass für Identitätskrisen, da man weiß, dass sich jeder aufbauende Energieimpuls auf die eine oder andere Weise unterstützend auswirken wird, gleich, ob man nun in seiner direkten Umgebung etwas davon bemerken kann oder nicht. Jeder konstruktive Gedanke, jede brillante Idee und jede hilfreiche Tat geht mit ihren energetischen Mustern in das Morphogenetische Feld der Erde ein und trägt dadurch zu einem veränderten globalen Bewusstsein bei.

Wie schon in den vorangegangenen Kapiteln erwähnt, ist ein gesamtplanetarischer Umorientierungsprozess für eine harmonische Transformation der Erde in neue Schwingungsbereiche erforderlich. Die am Wohl von allen Lebewesen orientierte Tat, die nicht aus Erwartung auf Belohnung oder persönlichen

Gewinn erbracht wird, ist ein Weg, diesen Prozess maßgeblich zu unterstützen. Ein solches Verhalten ist keineswegs völlig selbstverleugnend oder freudlos. Wer sein Leben so einsetzt, dass auch andere Wesen dadurch eine Bereicherung erfahren, beschenkt sich automatisch selbst, denn sein Leben bekommt einen Sinn und eine Berechtigung, die unser zivilisiertes Selbstbild so oft vermissen lässt. „Die Freude, die wir geben, kehrt in das eigene Herz zurück" das ist ausnahmsweise kein dummer Spruch. Wer über seine eigene Person hinaus denkt und mit Verständnis und Einfühlungsvermögen an den Herausforderungen der Menschheit arbeitet, bringt Glück und Zufriedenheit in sein Leben. Die Kraft zu geben, ohne zu erwarten, kommt aus der eigenen Verbindung mit der inneren Quelle, dem Höheren Selbst. Selbstgenügsamkeit, aus sich selbst heraus glücklich und zufrieden zu sein, befreit von der zwanghaften Abhängigkeit von anderen Menschen und ermöglicht es uns, wirklich hilfreich wirken zu können. Solange wir von dem abhängig sind, was andere von uns denken oder erwarten, sind wir nicht frei, den vielleicht überraschenden Impulsen unseres Herzens zu folgen.

Babaji hat im Laufe seines letzten Lebens sicher manche Vorstellungen davon, wie ein Heiliger zu sein hat, enttäuscht. Doch gerade das hat ihn so überzeugend und lebendig gemacht. Babaji hat oft betont, dass er nicht gekommen ist, um eine neue Lehre oder Religion einzuführen, sondern um das alte, seit Ewigkeiten wirkende kosmische Gesetz wieder in das Bewusstsein zu holen und die Menschen an das zu erinnern, was Menschlichkeit letztendlich ausmacht. Immer wieder hat er auf die umwälzenden Veränderungen, die der Erde bevorstehen, aufmerksam gemacht und betont, wie wichtig es sein wird, in der kommenden Zeit Mut und innere Stärke zu zeigen, wie sie auch die Helden der großen hinduistischen Epen bewiesen haben. Die Ausrichtung auf das göttliche ALLES-WAS-IST und die Einstimmung auf seine Regeln legte er allen seinen Schülern als sichersten Weg, die Transformation in die nächste Schwingungsebene zu überstehen, ans Herz. In seinem Ashram wurden die großen Feste aller Religionen gefeiert und Jesus erfuhr genau soviel Verehrung wie Rama oder Krishna. In den letzten Jahren verwies er zunehmend auf die Bedeutung der weiblichen Kräfte und die Notwendigkeit, dem Aspekt der göttlichen ALLES-WAS-IST- Mutter wieder mehr Aufmerksamkeit zu schenken. Am Valentinstag im Februar 1984 gab Babaji, wie angekündigt, seinen sterblichen Körper auf und wurde auf eigenen Wunsch beerdigt. Damit erlaubte er allen seinen Anhängern, sich von der Identifikation des Göttlichen mit seiner äußeren Gestalt loszusagen und vermehrt die innere Verbindung mit ihm zu stärken. Auch jetzt noch ruft er Schüler zu sich und unterrichtet sie durch Träume, Eingebungen und göttliche Führung im Alltag. Seine Präsenz kann von jedem erlebt werden, der aufrichtigen Herzens nach ihm sucht. Kurz bevor Babaji von der materiellen Bühne abtrat, hinterließ er folgende Weisungen an seine Schüler:

Liebe die ganze Menschheit!
Hilf allen Lebewesen!
Sei glücklich!
Sei höflich!
Sei eine Quelle unerschöpflicher Freude!
Erkenne Gott und das Gute in jedem Gesicht!
Kein Heiliger ist ohne Vergangenheit,
kein Sünder ohne Zukunft!
Sprich Gutes über jeden!
Kannst du für jemanden kein Lob finden,
so lasse ihn aus deinem Leben gehen!
Sei originell!
Sei erfinderisch!
Sei mutig! Schöpfe Mut immer und immer wieder!
Ahme nicht nach!
Sei aufrichtig!
Stütze dich nicht auf die Krücken anderer!
Denke mit deinem eigenen Kopf!
Sei du selbst!
Alle Vollkommenheiten und Tugenden Gottes
sind in dir verborgen. Offenbare sie!
Auch Weisheit ist bereits in dir, schenke sie der Welt!
Lasse zu, dass die Gnade Gottes dich frei macht!
Lasse dein Leben das einer Rose sein,
schweigend spricht sie die Sprache des Duftes!

In einigen westlichen spirituellen Zentren wird der Begriff
Karma Yoga verwendet, wenn es um die tägliche Stunde Mitarbeit oder eine Kostenvergünstigung durch regelmäßigen Ar-
beitseinsatz geht. Mit der ursprünglichen Bedeutung des Wortes hat das nicht mehr viel gemeinsam, denn hier geht es nicht

um den selbstlosen Einsatz für die Gemeinschaft, sondern um strukturelle oder finanzielle Notwendigkeiten. Die Vermischung von Geld und der geistigen Ausrichtung der Karma Yoga-Praxis scheint mir sehr bedenklich. Man kann durchaus zum Nutzen des Ganzen tätig sein und dabei seinen Gehaltsscheck in Empfang nehmen. Armut ist nicht ein Hinweis auf spirituellen Fortschritt, auch reich kann man mit seinen finanziellen Mitteln weise und in Übereinstimmung mit dem göttlichen Gesetz umgehen, wie an St. Germain deutlich wird. Auf der anderen Seite ist das Übernehmen der in östlichen Ländern üblichen Praxis von Mitarbeit gegen freie Unterkunft und Verpflegung zu überdenken. In den völlig anderen gesellschaftlichen Strukturen des Ostens konnte ein Ashram oder Kloster nur durch die Arbeit seiner Bewohner existieren. Dafür bekam man eine geistige und weltliche Ausbildung, durch die man den Rest seines Lebens bestreiten konnte.

Heute ist es in den spirituellen Zentren üblich, für seine Seminare zu bezahlen. Wer längere Zeit in einem Zentrum lebt und arbeitet, hat dadurch allerdings keineswegs einen Abschluss absolviert, der danach das alltägliche Überleben sichert. Alle in diesem Buch erwähnten Lehrer haben für ihre Unterweisung keinen finanziellen Ausgleich verlangt. Sie haben einfach weitergegeben, was sie selbst auf die eine oder andere Weise aus den höheren Welten bekommen haben und was ihre Schüler nun ebenfalls kostenlos weitergeben. Die alltägliche Arbeit liefert den benötigten Unterhalt, und der Unterricht oder die geistige Unterstützung finden in der freien Zeit statt. Das soll nicht heißen, dass es schlecht ist, für spirituelle Seminare Geld zu nehmen, schließlich stecken da ja auch Zeit und Energie drin, sondern dass es sich vielleicht lohnt, etwas genauer hinzuse-

hen und darauf zu vertrauen, dass uns zur rechten Zeit das gegeben wird, was wir für unsere Entwicklung wirklich benötigen.
Und das kann ein Buch sein, das Geld für ein bestimmtes Semi-
nar, ein überraschendes Ereignis im Alltag oder der Rat und die
Anteilnahme eines guten Freundes. Wenn wir zueinander offe-
ner und aufrichtiger sind, nehmen die soziale Kälte und Verein-
samung ab, und viele Psychiaterbesuche werden überflüssig.
Das Leben selbst ist ein von dem göttlichen ALLES-WAS-IST
geschenkter 24-Stunden-Workshop, der vielseitige Lektionen
beinhaltet. Wir sollten ihn nicht verpassen, indem wir vor unseren Herausforderungen in die heile Welt der Wochenendsemi-
nare flüchten und dort unter Umständen viel Geld lassen, das
anderweitig sinnvoller angelegt wäre.

Yogananda

Einer der bekanntesten Yogimeister dieses Jahrhunderts ist Paramahansa Yogananda, dessen Berufung es war, als erster indischer Yogi in den Westen, nach Amerika, zu gehen, um dort über das Wesen des Yoga und der östlichen Spiritualität zu lehren. Yogananda bedeutet Glückseligkeit durch Vereinigung mit Gott, es ist sein Mönchsname. Geboren wurde er als Mukunda Lal Gösch am 5.1.1893. Er war das vierte Kind bengalischer Eltern, die der Kschatrija-Kaste angehörten und sehr um einen heiligen Lebenswandel bemüht waren. Seine Eltern verehrten den Meister Lahiri Mahasaya, der von dem Avatar Babaji in die geistige Technik des Kriya-Yoga eingeweiht worden war und diese Lehre an seine Schüler weitergab, unter denen auch Yoganandas Eltern waren. Als Neugeborener wurde Yogananda von seiner Mutter zu Lahiri Mahasaya gebracht, der ihr voraussagte, dass ihr Sohn ein Yogi und geistiger Führer werden würde. Jahre später erhielt seine Mutter kurz vor ihrem frühzeitigen Tod ein Silberamulett, das sich gemäß den Voraussagen eines Sadhus während der Meditation aus dem Urstoff manifestierte und für Yogananda bestimmt war. Dieses Amulett war mit einem Mantra beschriftet und von den Lehrern aus Yoganandas früheren Leben geschickt worden, um ihn auf seinem geistigen Weg zu begleiten, bis ihm sein Guru in diesem Leben begegnete. Bereits in der Kindheit hatte er eine Erfahrung göttlicher Ekstase und Visionen von Yogis im Himalaja, was in ihm den brennenden Wunsch weckte, ebenfalls zum Himalaja zu gehen und Yogi zu werden. Doch sein Platz war in diesem Leben nicht in der Abgeschiedenheit, sondern in den Städten, unter den Menschen. Wie sonst hätten seine Lehren von alltagsnahen Lebenserfahrungen getragen werden können, die eine solche

Breitenwirkung in der westlichen Welt erzielt haben. Yogananda konnte so einen Weg der Gottes Verwirklichung inmitten der alltäglichen Herausforderungen zeigen.

Dementsprechend wurde Yogananda, als er nach langem Suchen und vielen lehrreichen Erfahrungen mit siebzehn Jahren endlich seinen Meister Sri Yukteswar traf, entgegen seinen Erwartungen nicht von den weltlichen Pflichten entbunden, sondern aufgefordert, sein Studium an der Universität Kalkutta erfolgreich zu absolvieren und sich gleichzeitig den geistigen Übungen zu widmen. Sri Yukteswar war ebenfalls Schüler von Lahiri Mahasaya gewesen, der kurz nach Yoganadas Geburt seinen Körper aufgab, und auch er hatte direkte Erfahrungen mit Babaji gehabt. Im Interesse einer Annäherung von östlichen und westlichen Traditionen hatte Babaji Sri Yukteswar dazu aufgefordert, ein Buch über die Parallelen in den heiligen Schriften des Hinduismus und des Christentums zu schreiben. Was Sri Yukteswar auf geistiger Ebene vollzog, führte Yogananda in der praktischen Tat weiter, als er 1920 der Einladung zu einem Kongress der Freireligiösen Bewegung Amerikas Folge leistete. Vor seiner Abfahrt überfielen ihn starke Zweifel, ob er dem materialistischen Westen gewachsen sei, und er betete inständig um ein Zeichen, ob er der richtige Mann für diese Mission sei. Zur Antwort klopfte Babaji an seine Haustür und gab ihm seinen Segen und die Bestätigung, dass er der Schüler sei, den er speziell für diese Aufgabe zu Sri Yukteswar geschickt habe.

Schon 1916 hatte Yoganada in Rantschi eine Yogaschule für Knaben gegründet, in der der Unterricht im Freien abgehalten wurde und wo neben landwirtschaftlichen, gewerblichen und akademischen Fächern sowie Yogameditation auch tägliche Gartenarbeit auf dem Programm stand. Die Schule gewann bald große Anerkennung, und bis heute sind daraus einundzwanzig Ausbildungsstätten in Indien hervorgegangen. Nach seiner Ankunft in den Vereinigten Staaten gründete er die Self-Realization-Fellowship (SRF), um die Wissenschaft des Kriya-Yoga seinen westlichen Anhängern zugänglich zu machen. Die Einweihung in den Kriya-Yoga erfolgte nach alter Tradition nur persönlich, so dass Yoganada in seiner Autobiographie diese Technik nur grob beschrieben hat. Er benennt den Kriya als eine „Methode, mit deren Hilfe dem menschlichen Blut Kohlendioxid entzogen und Sauerstoff zugeführt wird. Die zusätzlichen Sauerstoffatome werden in einen Lebensstrom verwandelt, der das Gehirn und die Rückenmarkszentren (Chakren) neu belebt." Weiter zitiert Yogananda den Weisen Patandschali: „Der Kriya-Yoga besteht aus Disziplinierung des Körpers, Herrschaft über die Gedanken und Meditation über OM." Es geht also um die gezielte Handhabung der Lebensenergie und den Aufstieg der Kundalinikraft zur Aktivierung der Chakren. Dadurch wird nicht nur das Leben der einzelnen Körperzellen verlängert und erneuert (auf diese Weise war es St. Germain, El Morya und Kuthumi möglich, lange Lebensspannen in einem Körper zu verbringen), sondern vor allem das Bewusstsein durch Reduzierung der äußeren Sinneseinwirkungen auf das Bewusstsein des Höheren Selbst ausgerichtet. Wenn die am unteren Ende der Wirbelsäule schlummernde Kundalinienergie in den verschiedenen Körpern aufsteigt, werden die Bewusstseinsschleier zu den anderen Seinsebenen, die sonst einen natürlichen Schutzschild bilden, zerrissen und die Chakren zu Pforten für die Wahrnehmung der feinstofflichen Welten.

Kriya-Yoga ist kein Gegenstand, den man leicht nehmen sollte. Die dabei freigesetzten Energien können bei ungenügender Vorbereitung langfristige Schäden auf allen Körperebenen anrichten. So verlockend ein verlängertes Leben und ein erweitertes Bewusstsein auch sein mögen, es ist nur der Nebeneffekt, der sich durch ein ganz auf das göttliche ALLES-WAS-IST und seine Gesetzmäßigkeiten ausgerichtetes Leben einstellt. Davor steht die Disziplinierung des Körpers, also eine vollkommene Gesundheit, denn nur ein heiler und vollkommen funktionstüchtiger Körper ist den Anforderungen des erhöhten Energieflusses gewachsen. Da für Yoganada zu diesen Disziplinierungsmaßnahmen vor allem Gartenarbeit zählte, können wir davon ausgehen, dass er dadurch auch für eine ausreichende Erdung des Körpers gesorgt hat.

Die Kontrolle über die Gedankenformen, die wir ständig bewusst oder unbewusst aussenden, ist der nächste wichtige Punkt. Solange wir nicht gelernt haben, nur noch konstruktiven, aufbauenden Gedankenelementalen Energie zu geben, solange kann uns die vermehrte Energie in einen Strudel negativer Energien reißen. Von denen sind auf der Astralebene genügend vorhanden, die nur darauf warten, sich durch die entsprechende Resonanzschwingung unserer Gedankenmuster neue Lebensenergie zu holen, was die Lebensenergie des Körpers natürlich schwächen würde. So wird verständlich, warum Menschen durch die regelmäßige Ausübung des Kriya-Yoga ernstlich krank und lebensuntüchtig geworden sind. Um dem vorzubeugen, ist die Ausrichtung auf das ALLES-WAS-IST, im Kriya-Yoga symbolisiert durch das Wort OM, unerlässlich. Wer im Einklang ist mit dem aufbauenden Geist des Universums, dessen Herz spiegelt rein und ohne Verzerrung die Liebe des Christusbewusstseins wider, dessen Gedanken und Handlungen sind in Übereinstimmung mit dem kosmischen Gesetz und dementsprechend entwicklungsfördernder Natur und zum Besten der planetarischen Evolution. Erst wenn dies alles in einem bestimmten Umfang gemeistert worden ist, kann der Kriya-Yoga ungefährlich ausgeübt werden, der die Kundalini weckt und mit ihr die Chakren öffnet. Zu diesem Zweck ist deshalb immer die Anwesenheit eines Meisters nötig, der in der Lage ist, den richtigen Punkt für die Einweihung in den Kriya-Yoga zu erkennen, den ablaufenden Prozess mittels seiner Fähigkeiten auf den feinstofflicheren Ebenen zu überwachen und notfalls einzugreifen. Auch heute gibt es zahlreiche Beispiele für schwere Erkrankungen von Menschen, die ihrer natürlichen Entwicklung vorausgreifen wollten und sich um eine forcierte Entwicklung der Kundalini bemüht haben. Wenn die Zeit reif ist, erwachen die Fähigkeiten des höheren Bewusstsein ganz von allein.

Babaji, der nicht nur in Indien vor allem als Initiator von Einweihungen in den Kriya bekannt geworden ist, wurde in seinem letzten Leben oft um solche Einweihungen gebeten. Stets hat er in diesen Fällen auf Japa und das Mantra OM NAHMA SHIVAYA als ungefährlichste und wirksamste Methode der spirituellen Entwicklung für die heutige Zeit hingewiesen. In einer Ansprache im November 1983 warnte er davor, die Ausübung von Kriya-Yoga in irgendeiner Form von den anderen täglichen Handlungen zu trennen: „Jede Aktion, essen und trinken eingeschlossen, ist Kriya-Yoga. Es ist Kriya-Yoga, der Menschheit zu dienen. Das ist es, was die Welt heute braucht. Tu anderen Gutes und mache sie auf jede erdenkliche Weise glücklich. Das ist Kriya-Yoga. Kriya-Yoga existiert nicht als eine abgesonderte Sache. Tausende von Menschen sind in diese Falle getappt."

Die SRF (Self-Realization Fellowship, 1920 von Yogananda gegründeter Orden für seine Lehren) bestreitet heute, dass der Mahavatar Babaji, wie ihn Yogananda in seiner Autobiographie beschrieben hat, mit dem Babaji, der auch als Haidakhan Baba bekannt war, identisch ist. Indische Meister und auch Schüler der SRF dagegen haben seine Authentizität anerkannt. Was der Wahrheit entspricht, soll jeder in seinem Herzen überprüfen.

Neben seinen Schulen stellt seine 1946 erschienene „Autobiographie eines Yogi" eine seiner bemerkenswertesten Gaben an die Welt dar, denn in diesem Buch wurde erstmals der Weg eines Yogi von der Kindheit bis zur Verwirklichung seines Daseins für alle Menschen zugänglich beschrieben. Darüber hinaus gibt Yogananda darin Zeugnis von vielen heiligen Menschen, denen er in seinem Leben begegnet ist. Am 7. März 1952 ging Yogananda in den Mahasamadi ein, das ist der bewusste endgültige Austritt eines Yogis aus seinem Körper. Noch zwanzig Tage nach seinem Tode zeigte sein Körper keine Anzeichen von Zerfall oder Verwesung, ein letzter Beweis für die Wirksamkeit des Yoga und den hohen Grad seiner Selbstverwirklichung. In seinen letzten Jahren sprach Yogananda immer häufiger davon, dass es für die nächste Zeit der Erde wichtig wäre, spirituelle Gemeinschaften und Siedlungen aufzubauen, in denen sich die Menschen nach den göttlichen Regeln des ALLESWAS-IST ausrichten. Donald Walters, ein enger Schüler von Yogananda, gründete deshalb 1967 das Dorf „Ananda Village" in den Bergen Kaliforniens und stellte damit ein bis heute funktionierendes Modell für neue Formen des Gemeinwesens auf. Überall auf der Erde sind solche Zellen einer ganzheitlichen Gemeinschaft entstanden, die von den verschiedensten Lehrern inspiriert wurden, wie Findhorn als bekanntestes europäisches Beispiel. Ein gravierender Faktor bei all diesen Projekten ist nach wie vor die Einbindung in die soziale Umgebung: Eine von den weltlichen Alltagsproblematiken abgeschirmte Gemeinschaft wird sich zwangsläufig selbst isolieren und die Polarität zwischen der gesellschaftlichen Realität auf der Erde und dem erwünschten Idealzustand nur vergrößern. Was unser Planet braucht, sind Menschen, die aus ihrer inneren Mitte heraus ihre Umgebung harmonischer gestalten und dadurch die Kraft bekommen, der Welt die Stirn zu bieten und dort mit anzupacken, wo es von Nöten ist. Die Mitglieder der Weißen Bruderschaft versenken sich deshalb regelmäßig in ihren innersten Kern des göttlichen ALLES-WAS-IST, um Energie zu schöpfen für ihre Aufgaben und Herausforderungen. Meditation und Esoterik sind nicht dazu da, um sich ein lauschiges Plätzchen abseits der rauen Wirklichkeit zu schaffen, sondern um die Lektionen unseres Lebens effektiver und erfüllter zu meistern.

Sanat Kumara

Wie in der Einführung erläutert, ist der planetarische Logos die höchste Autorität in der spirituellen Hierarchie eines Planeten. Er ist zuständig für den Fortschritt des Planeten gemäß den Gesetzen des göttlichen ALLES-WAS-IST. Den vorgesehenen Plan für die Evolution des ihm anvertrauten Lebensraums wird ihm vom Sonnenlogos übermittelt, der in seinem Bewusstsein unser gesamtes Sonnensystem umfasst. Die Kommunikation auf diesen Ebenen läuft über den Austausch reiner Energieimpulse, was ein direktes Erfassen der übermittelten Botschaft erlaubt und Interpretationsfehler ausschließt. Diese Vorgänge sind trotz ihrer Eindeutigkeit sehr komplex und vielschichtig strukturiert, was es sehr schwer macht, sich mit dem menschlichen Bewusstsein auch nur ein ungefähres Bild davon zu machen. Alle Versuche, die im Universum ablaufenden energetischen Prozesse in Bilder zu fassen, die dem menschlichen Denken zugänglich sind, bleiben immer eindimensional und begrenzt.

Der planetarische Logos wird in anderen Schriften auch als ‚Herr der Welt' bezeichnet, weil der Ausdruck Logos zumeist nur für das Bewusstsein des Sonnenlogos gebraucht wird. Der Sonnenlogos repräsentiert für die Erde den höchsten Stellvertreter des göttlichen ALLES-WAS-IST. Er umfasst sowohl die weiblichen als auch die männlichen Aspekte der Schöpfung, die in seinem Bewusstsein auf harmonische Weise zusammenwirken. In der hinduistischen Tradition werden deshalb immer Götterpaare verehrt, ein spiritueller Führer ist ohne weibliche Partnerin undenkbar, denn im erweiterten Bewusstsein ist der ausgewogene Umgang mit den polaren Energien selbstverständlich. In der christlichen Religion hat Maria den Part der weiblichen Hauptrolle übernommen und in der Gunst der Bevölkerung ihrem Sohn mitunter den Rang streitig gemacht. In allen ursprünglichen Glaubensformen gibt es neben einem Gott, der die männlichen Energien verkörpert, eine gleichberechtigte Göttin, die die weiblichen Kräfte symbolisiert. Mit dem Wissen um die ursprüngliche Einheit allen Lebens, in der Bibel mit dem Begriff von einem einzigen Gott umschrieben, steht das in keinem Widerspruch. Leider ist das Wissen um den femininen Anteil der Schöpfung in den letzten Jahrhunderten sehr ins Hintertreffen geraten, und so ist es heute eine der Aufgaben der Weißen Bruderschaft, wieder verstärkt an die weiblichen Energien in jedem Wesen zu erinnern.

Sanat Kumara hat viele Äonen lang die Position des planetarischen Logos innegehabt. In einer Zeit, in der es auf der Erde sehr dunkel und dicht war und nur noch wenige einzelne Menschen das Bewusstsein zu höheren Sphären aufrechterhielten, kam er zusammen mit sechs anderen Kumaras und einer Helferschar zu uns. Der Name Kumara ist ein Titel und bedeutet soviel wie ‚Führer' oder ‚Prinz'. Sanat Kumara hat auf einem anderen Planeten seine Entwicklung soweit vervollkommnet, dass er weiterführende Verantwortlichkeiten übernehmen konnte und schließlich eine Ausbildung zum planetarischen Logos absolvierte. Als Kumara soll er auf der Venus als Hüter und Bewahrer der heiligen Flamme gewirkt haben, die das innere Licht der Menschen und ihre Verbindung zur Quelle allen Seins repräsentiert. Auf der Erde residierte er in der mittlerweile sagenumwobenen Stadt Shambala, die wegen ihrer Lage auch ‚weiße Insel' genannt wurde, weil sie inmitten eines saphirfarbenen Sees, dem Gobisee, ganz in Weiß erbaut worden sein soll. Historische Hinweise auf Shambala finden sich in den heiligsten Büchern des tibetischen Buddhismus, im Kangyur und

Tengyur. Gautama Buddha soll in Shambala seine Einweihung und Erleuchtung erhalten haben. Heute liegt Shambala in der ätherischen Ebene über der Wüste Gobi und ist nur auf dem energetischen Weg für Eingeweihte zugänglich, die sich dort in ihren feinstofflichen Körpern hinbegeben können. Als Sanat Kumara während der lemurischen Epoche auf die Erde kam, aktivierte er auch in Shambala die heilige drei-faltige Flamme aus Liebe, Weisheit und Kraft und verband sie durch einen feinen Energiestrom mit dem Herzen eines jeden Lebewesens, um das Licht des Höheren Selbst in jedem Lebensstrom zu erhalten. Das Herzchakra der Menschen ist der Verbindungspunkt zum Bewusstsein unseres Höheren Selbst, dessen Impulse oft als Innere Stimme beschrieben wird. Richtet sich der physische Mensch überwiegend gegen diese Einge-bungen seines Innersten, wird die Wahrnehmung des Höheren Selbst im grobstofflichen Körper immer trüber und die Verbin-dung zum göttlichen ALLES-WAS-IST dadurch empfindlich ge-schwächt.

Als Sanat Kumara die dreifaltige Flamme auf der Erde entfachte, war das vor allem eine Verankerung der göttlichen Eigenschaften des Höheren Bewusstseins im Morphogene-tischen Feld unseres Planeten. Dadurch wurden die entspre-chenden energetischen Muster in allen Lebensformen neu be-lebt. Damals war das Leben auf der Erde von anderer stofflicher Dichte und Beschaffenheit als heute und auch die menschliche Entwicklung noch nicht so individualisiert. Das menschliche Bewusstsein hatte eine direktere Verbindung zu den energe-tischen Ebenen und handelte überwiegend aus den Impulsen des kollektiven Feldes heraus. Dieses kollektive Feld bildet das Gedächtnis der Erde, von Jung als Kollektives Unbewusstes, von Sheldrake als Morphogenetisches Feld bezeichnet. Gemäß den bei Daskalos beschriebenen Gesetzen für das Erschaffen von Energieformen setzen sich alle Handlungen, denen die gleiche Ausrichtung zugrunde liegt, zu einer einzigen großen Energieform zusammen. Durch die starken Ausmaße der Energieform gehen enorme Energieimpulse von ihr aus, die andere Wesen dazu animieren, sich ebenfalls auf diese Energieform auszurichten und sich entsprechend zu verhalten. Das bildet den uns wohlbekannten Herdentrieb: Was genügend Menschen vormachen, wird leicht automatisch übernommen. Solange das kollektive Feld dabei in die vorgesehene Richtung steuert und die evolutionäre Entfaltung unterstützt, läuft alles prima. Wenn dagegen überwiegend destruktive und hemmende Energiemuster das Feld bestimmen, wird ein radikaler Eingriff von höheren Ebenen notwendig. Dafür ist der planetarische Logos zuständig. Als Mitglied der energetischen Sphäre unserer Erde kann er bewussten Einfluss auf das kollektive Feld nehmen und so neue Energiemuster einführen oder andere verstärken. Der Mensch soll im Laufe seiner Entwicklung ebenfalls an den Punkt kommen, wo er bewusst die ihn umgebenden Einflüsse und Energien steuert, statt sich unbewusst vom kollektiven Feld in seinem Verhalten lenken zu lassen.

Um die Menschen auch im Alltagsbewusstsein an ihr inneres Licht des Höheren Selbst zu erinnern, wurde in Shambala ein Heiliges Feuer eingerichtet, das allen zugänglich war. Einmal im Jahr wurde ein Stoß aus Sandelholz aufgebaut, den Sanat Kumara mit einem Lichtstrahl aus seiner ausgestreckten Hand entzündete. Die Menschen nahmen dann ein Stück des entflammten Holzes mit in ihr Haus, wo es dann für ein Jahr brannte. Dieses verdichtete Licht aus dem Bewusstsein von Sanat

Kumara transformierte alle Disharmonien in den Wohnungen, so dass es keine Verbrechen gab. Dieser Zustand hielt tausend Jahre an und ist ein Beispiel für eins der vielen goldenen Zeitalter, die unter der Führung der Weißen Bruderschaft zur Erleuchtung der Menschen erblühten. Sanat Kumara residierte in einem großen weißen Tempel, an dessen Eingang eine Vase stand, in der sich die Lieblingsblumen eines jeden materialisierten, der den Tempel betrat. Danach bekam jeder ein Elixier zu trinken, das die Lebenskräfte erneuerte oder verstärkte (dieses Elixier ist auch bei St. Germain in Gebrauch gewesen). Das hört sich vielleicht sehr nach einer Geschichte aus Tausendundeiner Nacht an, doch all unsere Sagen und Märchen sind im Kern nichts anderes als Überlieferungen aus der Chronik der Erde. Wären Märchen wirklich für Kinder erdacht worden, wären ihre Inhalte wohl weitaus kindgerechter.

Bei all ihrer Größe sind Wesen wie Sanat Kumara jedoch keinesfalls so weit von uns entfernt, wie es uns mitunter erscheinen mag. Immer wieder betonen sie, dass der Unterschied zwischen uns nur in den verschiedenen Stufen unserer Entwicklung liegt und dass sie nicht irgendwelche Meister sind, die über uns nach Gutdünken entscheiden, sondern unsere Freunde, die uns an die Hand nehmen wollen, um unserem Bewusstsein bei der nächsten Entwicklungsstufe beizustehen. Durch ihre energetische Anwesenheit wird der Menschheit verdeutlicht, was alles möglich ist, wenn wir unser volles Potenzial im Einklang mit den kosmischen Gesetzen nutzen. Um zu zeigen, dass auch ein planetarischer Logos mal an einem ganz ähnlichen Punkt in seiner Entwicklung gestanden hat wie du und ich, hat Sanat Kumara einen Teil seiner eigenen Entwicklung durch den Channel Janet McClure wiedergegeben. Dieser Darstellung zufolge erlebte er 69 Verkörperungen über einen Zeitraum von knapp 1000 Jahren auf einem kleinen Planeten mit erdähnlichen Bedingungen. Während dieser Leben wurde er sich immer mehr darüber im Klaren, dass die wahrgenommene Trennung zwischen dem göttlichen ALLES-WAS-IST und dem Leben in all seinen Manifestationen eine Illusion ist. Sanat Kumara war, wie jeder Mensch, sowohl als Mann und als Frau inkarniert, um die Integration der weiblichen und männlichen Kräfte in beiden Körperformen zu üben. In vielen dieser Leben übernahm er die Rolle eines Lehrers oder Führers, um den anderen Menschen zu vermitteln, dass durch gemeinsames Handeln und Miteinanderteilen für alle ein glückliches und produktives Leben möglich wird. Die Grundlage dafür besteht im Vertrauen und Wissen um die Einheit des göttlichen ALLES-WAS-IST, und dass im Einklang mit dessen Gestaltungsgesetzen nichts unmöglich ist und jederzeit Unterstützung und Hilfe zur Verfügung stehen. Wer sich selbst als Teil des göttlichen ALLES-WAS-IST weiß und in sich beständig die Energieströme der unerschöpflichen Quelle allen Lebens spürt, dem ist es ein Bedürfnis, diese innere Fülle mit der gesamten Schöpfung zu teilen und selbst zur Bereicherung des ALLES-WAS-IST beizutragen. Glück, Zufriedenheit, Vertrauen, Friede und Erfüllung bestimmen sein Leben. Das klingt angesichts der täglichen Herausforderungen sehr theoretisch und ist ohne eigene Erfahrungen in dieser Richtung schwer anzunehmen. So hatte Sanat Kumara bei seinen Bemühungen nur begrenzte Erfolge, doch trotz aller Ablehnung konnte er in seinem Leben stets die umfassende Führung durch das Netzwerk des ALLES-WAS-IST wahrnehmen.

Am Ende seines letzten Lebens auf diesem Planeten machte er dann die Erfahrung des Aufstiegs in den feinstofflichen Körper des Höheren Selbst. Dabei wird aus Sanat Kumaras Erzählung deutlich, dass man nicht in allen irdischen Belangen perfekt und erfolgreich zu sein braucht, um bei vollem Bewusstsein ins Licht der höheren Ebenen aufzusteigen: Was zählt, ist die Stärke der inneren Ausrichtung auf das Bewusstsein der göttlichen Einheit und die Umsetzung dieses Wissens im alltäglichen Leben. Ob man verstandesmäßig vorher genau begreift, was da nun eigentlich vor sich geht, ist für den Prozess der Bewusstseinserweiterung von untergeordneter Bedeutung. Wenn es soweit ist, passiert es einfach, und durch die erhöhte Wahrnehmungsfähigkeit des Höheren Selbst werden die brachliegenden Funktionen des Gehirns aktiviert, was ein umfassendes Verständnis der Zusammenhänge erleichtert. Der Aufstieg war für Sanat Kumara nur der Ausgangspunkt für weitere Trainings und Lernerfahrungen, bis er schließlich eine Ausbildung für die Funktion eines planetarischen Logos begann. Das zeigt einmal mehr, dass der körperliche Aufstieg ins Licht nicht das letztendliche Ziel, sondern nur der Anfang einer ganz neuen Entwicklungsstufe ist. (Wie bei Computerspielen: Hat man eine Ebene gemeistert, kommt die nächste, die eine noch größere Herausforderung bietet, während man gleichzeitig über erweiterte Möglichkeiten verfügt.)

Bei seiner Weiterentwicklung zum planetarischen Logos hatte Sanat Kumara die Aufgabe, ein energetisches Strukturgewebe zu erschaffen, das einen kompletten Planeten umhüllen sollte, um dadurch vielen Seelen auf der physischen Ebene einen angemessenen Lebensraum zu kreieren. Dafür hatte er aus dem Energiefeld seines Herzens einen zentralen Kern zu formen, der den Seelen während der Verkörperung dann zur Orientierung dienen sollte. Zur Vorbereitung auf diese Aufgabe wurde sein Bewusstsein in 900 000 Einzelfragmente aufgeteilt, wobei jedes Fragment darauf vorbereitet wurde, auf einem anderen Planeten in der physischen Form zu inkarnieren, um möglichst viele Erfahrungen zu sammeln. Erst als alle 900 000 individualisierte Bewusstseinspartikel mit vollem Wissen über die Einheit des göttlichen ALLES-WAS-IST und ihre eigene Rolle darin wieder zusammengeflossen waren, war Sanat Kumara bereit für seine Funktion als planetarischer Logos. Seine Aufgabe war es, das Bewusstsein jedes einzelnen verkörperten Anteils seiner Monade mit Hilfe des Höheren Selbst so zu entfalten, bis sich die Wahrnehmung aller Einzelpersönlichkeiten durch die Verschmelzung mit dem Höheren Selbst wieder vereinte. Das gibt eine ungefähre Vorstellung von der multidimensionalen Struktur unserer Seele und warum wir durchaus mehrere Leben gleichzeitig leben können, ohne auch nur die geringste Ahnung davon zu haben, dass unsere innere Essenz viel mehr umfasst als unsere derzeitige Persönlichkeit.

Inkarnationslinien laufen nicht so linear ab, wie es der Anschaulichkeit halber meist dargestellt wird. Unsere Vorstellung eines geradlinigen Zeitablaufs wird auf höheren Seinsebenen schnell ungültig, denn unser Universum hat einen holographischen Aufbau, was eine eindeutige Definition von Anfang und Ende unmöglich macht. So könnte also durchaus ein Teil von uns auf der Erde ein einfaches Fischerdasein führen, während ein anderer Wesenspartikel unseres vielschichtigen Selbst auf irgendeinem anderen Planeten im Universum Mitglied der Raumfahrtflotte ist. Wenn in unserem jetzigen Leben Erinnerungen an frühere Leben wach werden, ist das nur der erste Schritt auf dem Weg zur multidimensionalen Bewusstheit des Höheren Selbst. Bleibt es beim Eintauchen in eine vergangene Existenz, was oft auch die damals entwickelten Fähigkeiten oder Schwierigkeiten erneut aktiviert, ohne dass eine Angleichung an die aktuelle Entwicklung stattfindet, stagniert die innere Entfaltung, und es kann zu geistiger Verwirrung und Lebensuntüchtigkeit kommen. Die psychiatrischen Kliniken sind voll von solchen Fällen. Vor dem Eintauchen in die eigene Vergangenheit durch therapeutische Rückführungen sollte man sich deshalb fragen, ob man auch in der Lage ist, die daraus gewonnenen Eindrücke zu verarbeiten. Wenn die innere Entwicklung bis zu einem gewissen Punkt fortgeschritten ist, wo Impulse aus anderen Inkarnationen hilfreich sind, gibt der individuelle Gedächtnisspeicher diese Informationen automatisch frei. Die Multidimensionalität unseres eigenen Seins macht klar, warum es nur eine Frage der Bewusstseinsfähigkeit ist, dass ein Meister an beliebig vielen Stellen gleichzeitig aktiv sein kann. Wenn man sich vor Augen führt, dass sich ein Bewusstsein allein, wie in Sanat Kumaras Schilderung, auf 900 000 Personen verteilen kann, gelangt jeder auch bei einer mathematisch-logischen Betrachtung zu der Folgerung, dass letztendlich alles Leben einer Quelle entsprungen ist, die sich in den schillerndsten Farben und Facetten präsentiert. Wie es in der hinduistischen Tradition heißt: Du bist ein anderes Ich.

Da alle bewussten Wesen um Weiterentwicklung bemüht sind, hat auch Sanat Kumara seinen Posten als planetarischer Logos an eine andere herangereifte Wesenheit vor ein paar Jahrzehnten weitergegeben. Zusammen mit seinem weiblichen Part Lady Venus ist er nun von der Venus aus aktiv und unterstützt die Erde auf diesem Weg in ihrer intensiven Wandlungsphase. Da das Leben auf der Venus in einer anderen Schwingungsfrequenz existiert, hat es von der materiellen Ebene aus den Anschein, als wären die anderen Planeten unseres Sonnensystems unbewohnt. Wenn sich ein Rad sehr schnell dreht, können unsere Augen die Speichen nicht mehr wahrnehmen, doch sie sind trotzdem sehr real. Mit dem Leben auf anderen Seinsebenen ist das ähnlich, für die Wesen dort fühlt sich alles genauso real und wirklich an wie die Dinge auf der uns bekannten materiellen Daseinsform der Erde. In einem erhöhten Zustand der individuellen Schwingung können wir das Leben auf diesen Planeten erleben, wie die vielen Berichte von Besuchen auf anderen Planeten bezeugen. Nicht alle Lebensformen sind ähnlich wie die menschliche, andere atmosphärische Zusammensetzungen und Bedingungen haben zur Entstehung anderer Seinsformen geführt. Dennoch gibt es viele Bevölkerungen auf anderen Planeten, die von Menschen kaum oder gar nicht zu unterscheiden sind. Da einige Zivilisationen über eine weitaus fortgeschrittenere Technik verfügen und durch bessere Kenntnis über die natürlichen Gestaltungsgesetze des Kosmos in der Lage sind, die Entfernungen im Universum in relativ kurzen Zeiträumen zu überbrücken, hat die Erde in allen Zeitaltern Kontakt von außerirdischen Besuchern gehabt.

Die weiter entwickelten technischen Fähigkeiten dieser Rassen lassen allerdings nicht automatisch auf eine ebenso weit entwickelte spirituelle Entwicklung schließen. Gemischt wie die Bewusstseinszustände der auf der Erde lebenden Wesen sind auch die Bewusstseinsgrade der außerirdischen Gäste, denn Gleiches zieht Gleiches an, sprich, die von uns ausgesandten Energieformen bringen Wesen mit entsprechenden Energieformen in unsere Umgebung. Da die planetare Evolution der Erde erst nach einem gewissen Zeitraum Bewusstseinsströme hervorbringen konnte, die in der Lage waren, die einzelnen Posten in der spirituellen Hierarchie abzudecken, stammten alle leitenden Wesenheiten der Erde zunächst, wie im Fall von Sanat Kumara, von den Entwicklungslinien anderer Planeten ab. Mit ihnen kamen fortgeschrittene Individuen, die noch nicht vollständig mit ihrem Höheren Selbst verschmolzen waren und deshalb in die Inkarnationsketten der Erde eintauchten, um hier ihr Bewusstsein zur Unterstützung des kollektiven Feldes vollständig bis zu diesem Punkt zu entfalten. So heißt es, dass El Morya ursprünglich vom Mars abstammt; Jesus, Maitreya und Gautama sollen mit anderen zusammen mit Sanat Kumara von der Venus gekommen sein. Sanat Kumaras herausragende Eigenschaften sind Liebe, Geduld und die Fähigkeit zu Erleuchtung und Gleichgewicht. Auch wenn er oft als mächtiger Herrscher dargestellt wird, ist er von seinem Herzen aus ein wahrer Freund, und die Entwicklung der Menschheit und der Erde ist ihm ein echtes Anliegen. Mögen wir zu dem Einheitsbewusstsein verschmelzen, das er immer für uns fokussiert hat.

Ashtar

Am 18. Juli 1952 erhielt der Amerikaner George van Tassel, der durch viel Selbstdisziplin und ständige Verbindung mit anderen nichtmateriellen Intelligenzen gut vorbereitet war, zum ersten Mal Kontakt zu dem Raumwesen Ashtar, der sich als Abgesandter der universalen Allianz für Frieden vorstellte. Am Anfang dieses Buches wurde bereits erwähnt, dass sich das Leben in vielfältigen Formen ausbreitet und viele Universen mit Sonnen und belebten Planeten existieren. Nicht immer hat dieses Leben uns vertraute Züge angenommen, doch Bewusstsein hat in zahlreichen Varianten die Möglichkeit gefunden, seiner Existenz Ausdruck zu verleihen. Die Evolution dieses Bewusstseins ist nicht überall gleich weit entwickelt, so dass Wesen von höherem Bewusstsein die Verantwortung übernommen haben, über die Ausbreitung weniger fortgeschrittener Lebensformen zu wachen. Sie werfen ein Auge auf uns, so wie wir auf unsere Kinder ein Auge werfen, um im Falle einer heraufziehenden Gefahr helfend eingreifen zu können. Anders als viele Eltern sind sich die Raumwesenheiten jedoch über die notwendige Entwicklung zur Eigenständigkeit der von ihnen beobachteten Wesen völlig im klaren, sie respektieren unseren freien Willen zu selbständigen Entscheidungen und würden nie diktatorisch die Macht übernehmen, auch wenn sie erkennen können, dass wir nicht zu unseren eigenen Gunsten handeln. Wenn die Entwicklung auf der Erde allerdings so dramatische Formen annimmt, dass die freie Entfaltung auf anderen Planeten gefährdet wird, ist es an der Zeit, ein Machtwort zu sprechen. Und so hielt es dann auch Ashtar für nötig, seiner Besorgnis über die Entwicklung der Wasserstoffbombe nachhaltig Ausdruck zu verleihen.

Wasserstoff, Hydrogen, ist ein lebenspendendes Element, so wie Stickstoff, Sauerstoff, Kohlenstoff, Fluor und Natrium. Das Zerstören eines lebenspendenden Elements birgt Risiken in sich, die von der Menschheit momentan überhaupt nicht abgeschätzt werden können, da sie keinerlei Einblick in die tieferen Zusammenhänge über den Aufbau des Lebens hat. Nach Ashtars Aussage hat das Zünden von Atomkernen lebenspendender Elemente bereits in früheren Zeiten andere Planeten in Stücke zerrissen. Dabei ereignen sich nicht nur auf der sichtbaren Ebene größte Katastrophen, auch die inneren Körper aller Lebewesen können gravierende Schäden davontragen, so dass ein sanfter Übergang in andere Seinsebenen beim Tod des fleischlichen Körpers nicht möglich ist. Zudem richtet die dabei entstehende Druckwelle auf den benachbarten Planeten verheerende Schäden an, was die freie Entfaltung dieser Sterne natürlich empfindlich stört. Deshalb hat sich das Ashtarkommando auch seit diesem Zeitpunkt massiv bemerkbar gemacht, denn wenn das Leben unbeteiligter Planeten bedroht ist, tritt das Nichteinmischungsgebot außer Kraft. Über Los Alamos wurden zur Zeit der Entwicklung der Wasserstoffbombe immer wieder grüne Lichtkugeln am Himmel gesehen, für die die Wissenschaftler keine Erklärung finden konnten. Diese Lichtkugeln werden von den Raumschiffen zur Reinigung der Atmosphäre eingesetzt. Nach den Aussagen der Außerirdischen hätten wir schon viel mehr Schäden davongetragen, wenn sie nicht immer wieder ihre Technologie zur Strahlenbegrenzung eingesetzt hätten. Raumschiffe werden oft in der Nähe von Atomanlagen gesehen. No-Eyes hat für die Zeit der Phönixtage ebenfalls vermehrt grüne Lichtkugeln am Himmel vorausgesagt. Die Farbe hat vielleicht auch eine Verbindung zum fünften Strahl, der Grün als Farbe hat und auch für Heilungsqualitäten steht.

Atomkraft ohne Kenntnis und Beachtung der kosmischen Lebensgesetze des göttlichen ALLES-WAS-IST führt unweigerlich zur Destruktion. Diese Erfahrung ist im Universum bereits ausreichend gemacht worden, und auch ein großer Anteil der Erdbevölkerung hat Erinnerungen davon in sich gespeichert, denn auch Atlantis hat sich nach Ausklang seiner Blütezeit durch unverantwortlichen Umgang mit der technischen Entwicklung selbst zu Fall gebracht. Das erklärt vielleicht die Leidenschaftlichkeit, mit der einige Bevölkerungsgruppen sich gegen die Nutzung der Atomkraft gewehrt haben; sie wissen in ihrem Unterbewusstsein um die Gefährlichkeit dieser Energie und wie leicht der Umgang damit außer Kontrolle gerät.

Jede Hochkultur auf dieser Erde hat ihre Größe und Fülle aus der Übereinstimmung mit den kosmischen Gesetzen des göttlichen ALLES-WAS-IST gewonnen, und wenn diese Übereinstimmung verlorenging, nahmen der Glanz und die Erhabenheit dieser Zivilisation ganz schnell ab. Das Leben entwickelt sich ständig weiter, und so bedürfen auch die irdischen Regeln und Ausrichtungen einer ständigen Anpassung an diese Entwicklung. Der Kosmos und seine Gesetze sind kein starres Gebilde, überall fließt Energie, und nur wer gelernt hat, auf diesen Energien zu reiten, fällt nicht vom Pferd. Im Innersten des Diamanten befindet sich die Eine Wahrheit, das unauslöschliche Gesetz des Lebens, doch auf den Facetten des Diamanten, die wir wahrnehmen können, spiegeln sich Tausende von Möglichkeiten. Die angemessene Variante dieses Gesetzes zu erkennen und zur richtigen Zeit in der rechten Weise anzuwenden, braucht glasklares Unterscheidungsvermögen, über das nur weit entwickelte Wesen verfügen. Darum wurden alle Hochkulturen von Mitgliedern der Weißen Bruderschaft eingeführt und geleitet, ebenso wie alle großen Religionen von großen Meistern initiiert wurden. Sehr leicht wurden nach ihrem Abgang von der irdischen Ebene aus ihren für die damalige Zeit entwickelten Lehren starre Dogmen. Statt mit dem Fluss der Energie zu gehen und nach innen zu lauschen, bevor es im Außen zur Handlung kam, wurden die alten Regeln zur heiligen Tradition erklärt und immer weiter übernommen, bis die Beachtung der Tradition mehr schadete als nützte. Spätestens dann war es an der Zeit für einen neuen deutlichen Impuls aus den höheren Ebenen, und es wurde eine andere Kultur oder Religion mit anderen Schwerpunkten etabliert, um ein Gegengewicht zu den unausgewogenen alten Standpunkten und Überzeugungen zu schaffen. Das hat allzu oft zu schärfsten Verurteilungen und Kriegen geführt, weil es schwer war, die überlieferten Glaubenssätze mit den neuen Idealen zu vereinen, und es so bequemer war, das Fremde einfach zu verteufeln. Sicher gibt es auch „neue" Ideen, die nicht evolutionsfördernd sind und zumeist noch nicht einmal wirklich neu. Darum wird von den Meistern immer wieder betont, dass blindes Nachrennen nicht nur dumm, sondern auch gefährlich ist, ob es sich nun um eine Tradition oder eine Revolution handelt. Letztendlich geht es darum, die Symbiose aus all diesen Energiesträngen zu finden, zur Einheit in der Vielfalt vorzudringen. Dazu braucht es Selbstständigkeit, Verantwortungsbewusstsein, Unterscheidungsvermögen und Verständnis, in dem es einem möglich wird, sich in die Situation eines anderen hineinzuversetzen und seine Überlegungen nachzuvollziehen. Daraus erwachsen Toleranz und Eigenständigkeit. Bei allem Bewusstsein für die Einheit braucht die Individualität nicht verlorenzugehen. Jedes Wesen drückt seine Facette des Lebens aus und erlaubt allen anderen Wesen seinen eigenen individuellen Ausdruck. Nur durch Wahrnehmung aller Aspekte wird die Welt bunt und rund. Die Weiße Bruderschaft spielt mit der Kugel der kosmischen Gesetze des göttlichen ALLES-WAS-IST Billard, und wir schauen zu. Wenn die eine Seite lang genug oben war, gibt ihr einer der Meister einen neuen Anstoß, und eine andere Seite liegt oben und wird offenbar. Wenn wir lange genug zugeschaut haben, fällt uns auf, dass es immer derselbe Ball ist, der sich dreht, und dass sich nur seine Erscheinungsform verändert. Dann sind wir dabei, die Einheit allen Lebens zu erkennen und können langsam selbst in den Kreis derer aufgenommen werden, die den Erscheinungen des göttlichen ALLES-WAS-IST neue Impulse verleihen.

Ashtar gehört zu den Wesen, die diese Entwicklungsstufe schon vor langer Zeit vollendet und sich zusammengeschlossen haben, um die freie Entfaltungsmöglichkeit in den verschiedenen Universen und Galaxien zu gewährleisten und so zerstörerischen Tendenzen entgegenzuwirken. Da sich das Abenteuer der Dualität nicht nur auf unsere Erde beschränkt, gab und gibt es auch Auseinandersetzungen zwischen einzelnen Planeten, was zu Sternenkriegen geführt hat, wie sie etwa in der „STAR-WARS"-Triologie oder in der Serie „Babylon 5" beschrieben werden. Aus den Erkenntnisprozessen dieser Kriege heraus ist irgendwann der Interdimensionale Bund der Freien Welten entstanden, der oft auch als Föderation bezeichnet wird. Ashtars offizieller Titel ist „Kommandant vom Quadra Sektor, Patrouillen Station Share, alle Projektionen, alle Wellenlängen", womit seine umfassenden Befugnisse für diesen Raumsektor ausgedrückt werden. Da der Bereich von Ashtars Tätigkeit als Eagletriade bekannt ist, wird sein Team meist mit Adler(Eagle)kommando umschrieben. Bei allen militärisch angehauchten Begriffen handelt es sich nicht um eine Streitkraft nach irdischen Maßstäben.

Alle Mitglieder dieser Gruppe verrichten ihre Aufgabe freiwillig und mit großer Freude und Erfüllung. Es ist eine Auszeichnung, sich für diesen sehr verantwortungsvollen Dienst qualifiziert zu haben, der voller neuer Entfaltungsmöglichkeiten und Herausforderungen steckt. Diese Wesen handeln aus dem Bewusstsein der göttlichen Liebe, Kraft und Weisheit heraus, und da sind eine bestimmte Disziplin und Übereinstimmung völlig selbstverständlich und brauchen nicht durch Druck, Strafe oder Gewalt künstlich erzeugt zu werden. Sie arbeiten eng mit den Erzengelrängen und den jeweiligen spirituellen Hierarchien der einzelnen Planeten zusammen, viele von den Mitgliedern der Föderation sind selbst planetarische Logoi oder in noch höheren Aufgabenbereichen tätig. Ihre Stärke liegt in ihrer geistigen Verbundenheit, die sie auf das gemeinsame Ziel ausrichtet.

Auf der praktischen Seite kommen dabei die unterschiedlichsten Transport- und Kommunikationssysteme zum Einsatz, denn wenn die innere Einheit da ist, stellt sich die Andersartigkeit der Form nicht als Hindernis dar. Viele Flotten- und Bevölkerungstypen arbeiten so zusammen, obwohl sie nicht alle miteinander bekannt und vertraut sind. Die einzelnen Kommandanten erhalten Richtlinien zur Durchführung einer bestimmten Aufgabe von einer übergeordneten Koordinationsstelle aus, die Details der jeweiligen Operationen sind dann der individuellen Initiative der einzelnen Kommandanten unterstellt. Für umfassende Beratungen und Informationen werden Zusammenkünfte mit Vertretern der einzelnen Flotten abgehalten, bei denen auch Abgeordnete der betroffenen Planeten oder Sonnensysteme zugegen sind. Viele der Raumschiffe sind aus der vereinigten Lichtenergie der gesamten Crew geschaffen und bilden so ein sichtbares Symbol für die einheitliche Ausrichtung des Teams.

Diese Lichtschiffe operieren auf höchsten Ebenen und sind für das menschliche Auge nicht wahrnehmbar. Selbst Hellsichtige können sie nicht sehen, da ihre Frequenz weit oberhalb der Astralwelt schwingt. Daskalos erwähnte, wie in dem ersten Buch von Markides geschildert, dass er in einem sehr weit entwickelten außerkörperlichen Zustand „drei fliegende Untertassen" beobachtete, die durch Lichtstrahlen den Sturz der Raumstation Skylab auf Kanada verhinderten. Er beschreibt die Wesen darin als „Superintelligenzen" aus der höheren noetischen Welt, die keine äußere Gestalt haben und in Gruppen arbeiten, die ihm den Eindruck fliegender Untertassen vermittelten. Aus seiner Sicht sind diese Wesen uns weit voraus und voller Liebe für uns, wie die Hüter des Erdenkindergartens.

Wenn Menschen doch Raumschiffe dieser Energiequalität wahrnehmen können, sind es Schiffe, die für das Bewusstsein der Menschen hinuntertransformiert wurden, damit ein Kontakt möglich wurde. In der Regel ist dafür ebenso ein Frequenzanstieg für den Menschen nötig, so dass diese Erlebnisse meist in anderen Bewusstseinszuständen stattfinden. Nur sehr wenige Erdenbewohner verfügen über die Fähigkeit, sich von selbst in diesen Ebenen zu bewegen, wie es Daskalos oder auch No-Eyes können. Im Himalaja gibt es nach mehreren Berichten ein Kloster, das überwiegend in höheren Frequenzbereichen existiert, obwohl es eine direkte Verbindung zur materiellen Ebene hat. Dort ist eine Art Transformatorstation für Reisende aus höheren Bereichen, die sich an die irdische Frequenzdichte im Körper gewöhnen wollen, ebenso wie die Frequenzdichte für irdische Körper erhöht werden kann, um den Menschen das Reisen in Raumschiffen zu ermöglichen.

Neben den Flotten des Ashtarkommandos gibt es noch zahlreiche Besucher anderer Planeten, die nicht so weit entwickelt sind und aus den verschiedensten Gründen die Erde besuchen. Ihre Raumschiffe sind durchaus materiell und können von allen Menschen gesehen werden. Meist ziehen es diese Besucher vor, unauffällig vorzugehen, um keine Panik oder Massenhysterie auszulösen, denn noch sind Kontakte zu außerirdischen Rassen nicht offiziell anerkannt, obwohl es längst Verbindungen anderer Planeten zu allen Regierungen gibt. Dokumentationen darüber und Berichte von Geheimoffizieren dringen immer mehr an die Öffentlichkeit.

Steven Spielberg hat mit Unterstützung des CIA „Unheimliche Begegnung der dritten Art" und „E.T." zur Vorbereitung des Massenbewusstseins auf außerirdische Besucher gedreht, Serien wie „Alf" oder „Alien Nation" tun ein Übriges. „Raumschiff Enterprise: Die nächste Generation" geht da noch einen Schritt weiter und nimmt eine wahrscheinliche Zukunft der Erde als Mitglied der Föderation voraus. Autor Gene Rodenberry hat jahrelang durch das englische Medium Phyllis Schlemmer von einer Gruppe von Wesenheiten, die sich „Rat der Neun" nennt, Informationen über die Struktur intelligenten Lebens im Weltall erhalten und dies zur Grundlage der Folgen um die Enterprisebesatzung gemacht. Dabei kommen immer wieder das „Nichteinmischungsgesetz" bei der Entdeckung neuer Lebensformen und der hohe Grad an Verantwortlichkeit, Individualität und Teamgeist jedes einzelnen Crewmitglieds zum Ausdruck. Auch Ashtar soll sich vor allem durch Verlässlichkeit, Verantwortung, Erfindungsreichtum, Entschlossenheit, Furchtlosigkeit, Wahrheitsliebe und Edelmut auszeichnen. Von seinen nahestehenden Mitarbeitern wird berichtet, dass er von zielgerichteter

Festigkeit ist, voller Hingabe und Aufmerksamkeit für seine Aufgabe, dabei liebevoll und sanftmütig, immer bemüht, in jeder Situation das Beste zu geben und Lösungen für das Unmögliche zu finden. Was wir von ihm wissen, ist durch telepathische Übertragung, Channeling oder Gedankenfusion übermittelt worden. Dabei führen individuelle Neigungen zu Verzerrungen und Ausschmückungen der gegebenen Informationen. Da Ashtar ein Wesen von multidimensionaler Bewusstheit ist, spiegelt sich in einigen Durchsagen deutlich der begrenzte Rahmen des irdischen Übersetzers wider, und so ist es auch zu Anfeindungen und Beurteilungen darüber gekommen, wer denn nun den echten Ashtar an der Strippe hat und wer nicht. Sicher ist dabei nur, dass wir sein Wesen kaum mit unserem Bewusstsein erfassen und alle Vorstellungen von ihm nur Teilaspekte abbilden können. Jeder sollte sich den Übermittlungen zuwenden, die in ihm auf Resonanz stoßen und für sein Leben bereichernde Impulse geben.

In den Durchsagen, die von Ashtar oder seinem Kommando kommen, geht es nicht um die privaten Belange einzelner Menschen oder um Führung hinsichtlich der individuellen Lebensweise. Die Absicht hinter ihren Botschaften ist immer die globale Weiterentwicklung, sozusagen eine geistige Erziehung zur Bewusstwerdung erweiterter kosmischer Zusammenhänge. Dabei richten sich die Appelle vor allem auf die Ausrichtung der Gedankenenergie auf globalen Frieden. Durch die starken Hass- und Gewaltimpulse, die jahrtausendelang in die feinstofflichen Welten ausgesandt wurden, hat sich dort ein gewaltiges destruktives Energiepotenzial gebildet, das die energetischen Gitterstrukturen der Erde aus dem Gleichgewicht gebracht hat. Da diese Energielinien den feinstofflichen Körper unseres Planeten darstellen, haben Veränderungen in der Gitterstruktur zwangsläufig Veränderungen in der physischen Struktur zur Folge. Die vermehrte Aktivität von Vulkanen und wachsende Zahl von Erdbeben sowie die Veränderungen im globalen Klima sprechen da für sich. Lange Zeit sah es so aus, als stünde auf Grund der Belastung durch die negativen Schwingungen, unter anderem angehäuft durch Kriege, Morde, Hass und Atomexplosionen, der Zusammenbruch des planetaren Magnetfeldes bevor. Das hätte zu einer Verschiebung der Pole und dem Kippen der Erdachse geführt und alle Schreckensprophezeiungen von riesigen Flutwellen und dem Abtauchen ganzer Kontinente bestätigt.

Um dies zu verhindern, war eine vermehrte Anstrengung zur Anhäufung positiver Energiestrukturen notwendig. Konstruktive Energieimpulse, geschaffen durch die Konzentration auf Harmonie, göttliche Liebe und globalen Frieden, sind die Werkzeuge zur Stabilisierung der feinstofflichen Energiestruktur der Erde. In diesem Zusammenhang wird noch deutlicher, warum zum Beispiel Babaji so viel Gewicht auf die permanente Fokussierung des göttlichen Seins und die praktische Umsetzung in Karma Yoga gelegt hat. Dies ist der beste Weg, um ein großes konstruktives Energiepozential zu schaffen. Für die Zeit nach 1984 hatte Babaji den Beginn umwälzender Veränderungen vorhergesagt, bei denen nur ein Drittel der Erdbevölkerung überleben wird. Doch wie schon bei No-Eyes Voraussagen ist meiner Ansicht nach diese Version unserer Zukunft einer weniger dramatischen gewichen, durch die vereinten Anstrengungen von der Weißen Bruderschaft, den im Christusbewusstsein verankerten Raumwesen und allen Menschen guten Willens, die bewusst oder unbewusst daran mitgearbeitet haben. Die von

José Arguelles inspirierte „Harmonische Konvergenz", Solaras „11:11"-Aktionen und auch die globalen Friedensmeditationen am 31. Dezember jeden Jahres sind Ausdruck dieses Bemühens. Je nach der Intensität der von der Erde ausgehenden Strahlung können die Raumintelligenzen unsere Anstrengungen verstärken. Geben wir als Zeichen unserer freien Entscheidung ein deutliches Signal für eine harmonische und friedliche Zukunft, indem wir unsere inneren Gedanken- und Gefühlsmuster dahingehend ausrichten, kann das Morphologische Feld der Erde im Sinne unserer Absichtsäußerung durch hochfrequente Energieeinwirkungen der Lichtschiffe unterstützt werden.

Dies ist der Kernpunkt der so viel zitierten Lichtarbeit, die sich im Zeichen des siebten Strahls unter St. Germain zunehmender Aufmerksamkeit erfreut: Licht ist eine Ausdrucksform der Energieschwingungen, aus denen unser Universum aufgebaut ist. Andere Ausdrucksformen sind Farben und Töne. Mangels eines geeigneten Vokabulars müssen wir uns mit vertrauten Erscheinungen der Energieschwingungen begnügen, denn wer kann sich schon die Intensität einer reinen Liebesschwingung plastisch vorstellen? Es ist mittlerweile auch wissenschaftlich erwiesen, dass es eine Schwingung mit noch höherer Geschwindigkeit als der des Lichts geben muss. Liebe ist schneller als das Licht, denn wenn wir aus tiefstem Herzen einen reinen Strahl aufrichtiger Liebe aussenden, ist der nach unserem Zeitermessen unmittelbar bei seinem Empfänger, im Gegensatz zum Licht, das bekanntlich mit Lichtgeschwindigkeit fließt. Darum ist Liebe in der Tat die stärkste Kraft auf Erden, die alles möglich machen kann. Wer also mit Licht, Farben und Klängen arbeitet und sie gezielt einsetzt, sendet Energieimpulse aus. Das ist die Kommunikations- und Schöpfungsform auf den feineren Seinsebenen, auf die sich die Erde jetzt zubewegt. Die Voraussetzung für die bewusste Handhabung dieser Energien ist die Kontrolle über unsere Gefühls-, Gedanken- und Handlungsmuster, die wir beständig unbewusst aussenden. Hier sind wir wieder bei der Aufforderung zur Selbstanalyse „Erkenne dich selbst". Wie großartig auch die Möglichkeiten der Lichtflotten sein mögen, letzten Endes tut sich nichts, wenn wir hier unten nichts tun. Es gibt also keine Veranlassung dazu, die Hände in den Schoß zu legen, weil „die da oben" schon auf uns aufpassen werden wie bei Skylab.

Da die entscheidenden Schritte zur Veränderung des globalen Energiemusters von der Erde direkt ausgehen müssen, haben sich schon vor langer Zeit fortgeschrittene Bewohner anderer Planeten zu Inkarnationsketten auf der Erde entschlossen. Wir hatten das Beispiel von El Morya, der ursprünglich vom Mars abstammen soll. Nicht alle Menschen mit außerirdischer Abstammung haben sich bereits zu solchen spirituellen Höhen wie der eines Aufgestiegenen Meisters entwickelt, denn auch wenn das Bewusstsein dieser Wesen vielleicht fortgeschrittener ist als das des planetaren Durchschnitts, taucht doch jede Verkörperung in das Morphogenetische Feld der Erde ein und ist damit auch den Begrenzungen dieses Feldes unterworfen. Deshalb wurden die Kandidaten für eine Inkarnationskette auf der Erde vorher auf ihre Standfestigkeit und Stärke hin geprüft, so wie man für ein bedeutendes Spiel nur die geeignetsten Spieler auswählt. Es war klar, dass es durch die sich seit langem anhäufen den negativen Energiemuster auf der Erde schwer sein würde, sich den damit verbundenen Disharmonien in den inneren Körpern zu entziehen. Das Aufrechterhalten einer gewissen inneren Harmonie ist jedoch die wesentliche Voraussetzung, um einen klaren Kontakt zum Höheren Selbst zu halten und somit über das existente energetische Massenbewusstsein hinauszuwachsen.

Deshalb haben sich zu allen Zeiten spirituell Wachsende in die Einsamkeit zurückgezogen, denn so lassen sich die innere Harmonie und der Kontakt zum Höheren Selbst leichter herstellen. Alle Meister, die in den dicht besiedelten Gebieten gearbeitet haben, sind in regelmäßigen Abständen in Klausur gegangen, um sich völlig ungestört mit den höheren Ebenen verbinden zu können und so neue Kraft zu schöpfen. Es passiert sehr schnell, dass man sich bei ungenügender innerer Achtsamkeit von den Energiemustern der Masse überrollen lässt. Mit-sich-allein-sein fällt vielen Menschen schwer, denn dann lassen sich die Unstimmigkeiten nicht länger wegdrücken, weil der innere Impuls des Höheren Selbst viel deutlicher durchkommt. Es braucht schon eine größere Portion Individualität, um sich nicht von den Gruppenimpulsen dominieren zu lassen. So sind es oft die Außenseiter der Gesellschaft gewesen, die den Vorstoß in neue Richtungen brachten, und selten sind es die angepassten, uneigenständigen und leblosen Figuren, die von den christlichen Kirchen gerne als „fromm" dargestellt werden, die der globalen Entwicklung dienen. Kuthumi hat es sehr anschaulich formuliert, als er in einem seiner Briefe schrieb, die Meister wären nicht wie getrocknete Veilchen zwischen den Gebetbuchseiten. Individualität von der Art einer Frau Blavatsky und spirituelle Größe sind kein Widerspruch, im Gegenteil: Der individualisierte Lebensfunke wird durch die Verschmelzung mit seinem Höheren Selbst zu einer eigenständigen Schöpferkraft, die über ein erweitertes Bewusstsein verfügt und dadurch zur Ausdehnung und Bereicherung des göttlichen ALLES-WAS-

IST beigetragen hat. Und das ist im Kern der Grund für unsere Evolution. Sicher schießt man auf diesem Weg der Individualisierung auch mal über das Ziel hinaus, Genie und Wahnsinn liegen bekanntlich nah beieinander. Doch wer nie wagt, kann auch nie lernen, und nur in der permanenten Wiederholung unserer Fehler liegt die eigentliche Behinderung.

Da auch Menschen mit außerirdischer Abstammung sich im Laufe ihrer Inkarnationskette auf der Erde in den Schlaufen ihrer eigenen Muster verstrickt haben, wurden sehr viele Aktionen unternommen, diese Menschen wieder an ihr wahres Sein und den eigentlichen Grund für ihr Dasein zu erinnern. Dazu zählen meist Kontakte oder Erfahrungen mit Ufos oder anderen Seinsebenen, die ganz unerwartet kommen und nach der ersten Überraschung meist viele im Unterbewusstsein verschüttete Energiemuster neu beleben. Die Stärke dieser sogenannten inkarnierten Außerirdischen liegt in den Tiefen ihres Bewusstseins: Sie wissen in ihrem Innersten, dass es andere, lebenswertere Möglichkeiten zur Seinsgestaltung gibt, das Bewusstsein darum ist ihnen eingeprägt und wird oft zum Motor für Veränderungen. Einmal aktiviert, wird im Unterbewusstsein eine intensive Sehnsucht nach einem menschenwürdigeren Leben freigesetzt, die auf der inneren Gewissheit basiert, dass solch eine harmonische Welt wirklich möglich und machbar ist, auch wenn sie für andere nur ein unrealistisches Ideal oder eine träumerische Utopie darstellt. Die Gefahr dieser Sehnsucht liegt im Verlust des Bodenkontakts: Man hebt ab und verliert sich in den Gedanken an ein Zuhause, in dem man sich wohler fühlte als hier auf der Erde. Die ganze Aufmerksamkeit ist dann auf die „verlorene Heimat" in den Sternen gerichtet, anstatt sich darauf zu konzentrieren, dass es darum geht, die konstruktive Essenz dieser anderen Existenz in diese Welt zu holen, um damit das Morphogenetische Feld zu bereichern und neue Wege aus den alten Musterverstrickungen zu weisen.

Die nicht verarbeitete Sehnsucht einiger Sternenmenschen, wie Menschen mit außerirdischer Abstammung auch genannt werden, führte zum Teil zu einem Ufo- und Außerirdischenfanatismus, der sich an Phänomenen und Äußerlichkeiten aufrieb und den entscheidenden Punkt, die Arbeit an sich selbst, völlig in den Hintergrund rückte. Sternenmenschen verfügen über ein anderes Ausdruckspotenzial als Wesen, die überwiegend auf der Erde verkörpert waren, doch sind sie deswegen nicht automatisch besser oder befähigter. Sie sind Botschafter einer anderen Kultur, so wie ein Afrikaner für andere Rassen Botschafter seiner Kultur sein und dadurch neue Impulse geben kann. (Ein Prinzip, das sich bislang leider nur in der Musik verwirklicht hat.) So wirken Sternenmenschen nach amerikanischen Studien überwiegend in den Bereichen von Kultur, Erziehung und Heilung. Gerade diese Gebiete brauchen eine ganzheitliche Ausrichtung, die sich dem Einklang von Mensch und dem göttlichen ALLES-WAS-IST verschrieben hat. Die wichtigste Aufgabe der Sternenmenschen ist es deshalb, das innere Gleichgewicht zu halten und die Kontrolle über die eigenen Gedanken und Emotionen zu erlangen. Das Entwickeln der eigenen Stärke, die Fähigkeit, der inneren Stimme zu lauschen, ein klares Unterscheidungsvermögen und das aktive Herangehen an die Herausforderungen des Alltags sind nötige Voraussetzungen, um wirklich effektiv und erfolgreich neue Ideen umsetzen zu können und nicht bei Tagträumereien von besseren Welten stehenzubleiben. Das trifft natürlich nicht nur auf Menschen mit außerirdischen Energiemustern zu, sondern auf alle Erdenbürger, die durch ihr kreatives Potenzial daran mitwirken wollen, „den Himmel auf Erden" zu verwirklichen.

Lange Zeit überwog beim Thema Ufos und Sternenmenschen die Idee einer globalen Evakuierungsaktion durch die Lichtschiffe des Ashtarkommandos, wodurch im Ernstfall einer akuten Lebensbedrohung für den ganzen Planeten alle Menschen guten Willens in kleine Raumtransporter gebeamt werden, die sie dann zu großen Mutterschiffen bringen. In diesen riesigen Mutterschiffen, die wie fliegende Städte konzipiert sind, ist dann für mehrere Jahre die Möglichkeit des Aufenthalts und der Weiterbildung gegeben, bis die Erde wieder bewohnbar ist und neu besiedelt werden kann. Dies wurde vor allem für den Fall eines Polsprungs vorausgesagt.

Der Kanadier Oscar Magocski, der selbst nach einer Schwingungserhöhung in einem Kloster im Himalaja zu anderen Sternen gereist ist, wurde unter anderem in der Steuerung der Raumtransporter für den Evakuierungsnotfall ausgebildet. Nach seinen eigenen Aussagen auf dem ersten Ufokongress 1989 ist dieses Programm mittlerweile jedoch in den Hintergrund gerückt, weil die Wahrscheinlichkeit des befürchteten Polsprungs abgenommen hat. In der Diskussion um das Evakuierungskonzept kam es immer wieder zu einer Art Eliteauswahl, wer denn nun zuerst hochgebeamt wird. Das zeugt von einem Klassendenken, das typisch für die irdische Denkweise, doch letztendlich ohne jede Relevanz ist. Bei allen Durchgaben zu diesem Thema wurde immer wieder deutlich, dass ein entscheidender Faktor die eigene individuelle Schwingungsfrequenz ist. Sprich, ein Hochbeamen in die hochfrequenten Raumschiffe ist nur möglich, wenn im irdischen Körper möglichst viele niedrigfrequente Energiemuster wie Angst, Hass oder ungezügelte Triebhaftigkeit abgebaut sind. Damit wird die Strahlungsqualität der Aura zum Auswahlkriterium, und es ist schlicht der Stand der individuellen Entwicklung, der eine solche Art der Rettung möglich oder unmöglich machen würde. Wenn man sich vorstellt, dass zur Anhebung des energetischen Feldes der Erde viele Wesen hier eine Verkörperung angenommen haben, die dazu keine karmische Notwendigkeit hatten, wird das Konzept der Evakuierung plausibler, weil es nur bedeutet, dass dem freiwilligen Bodenpersonal ein unnötiges Drama erspart wird. Der Gedanke an eine Evakuierung oder das Thema der Anhebung in Raumschiffe überhaupt ist für mein Gefühl in gewissen Kreisen völlig überbetont worden, weil es so erleichternd und vertrauenerweckend ist. Ashtar nimmt dann fast den Platz einer Gottheit ein, an die man die eigene Verantwortung abgeben kann und die in ihrer Größe und Macht unreflektierte Verehrung erfährt. Dabei hat er selbst in einer Durchsage betont, dass eine der Schwierigkeiten im Umgang mit der Menschheit in der Tendenz liegt, dem Überbringer einer Botschaft mehr Aufmerksamkeit zu schenken als der Botschaft selbst. Und die Botschaft besagt in diesem Fall, dass es in erster Linie um die Anhebung unserer eigenen Frequenz geht, denn, um es mit No-Eyes Worten zu sagen, „nur dann wird die Menschheit überleben."

In der letzten Zeit verstärken sich Berichte von „Ufoentführungen", laut denen Menschen auf Raumschiffe oder in unterirdische Basen gebracht und dort wissenschaftlich untersucht werden. Dies hat nichts mit dem Ashtarkommando zu tun, sondern wird von Rassen ausgeführt, die nicht dem Christusbewusstsein angehören und sich auf den Astralebenen befinden. Ihre Maßnahmen sind von höheren Ebenen erlaubt worden und dienen dem spirituellen Wachstum. Es handelt sich hier um Wesen, die durch die Frequenzmuster im Aurafeld angezogen werden und den Betreffenden Seelenlektionen ermöglichen, auch wenn dies vielleicht nicht in der bewussten Absicht dieser Wesen steht. Manchmal hat es den Anschein, als würden diese „Entführungen" willkürlich und ohne Einwilligung der betroffenen Menschen stattfinden, doch nach Forschungen von Chris Griscom mit vielen dieser „Entführten" lag auf den höheren Ebenen des Selbst immer ein Einverständnis vor. Zumeist gehören die Seelen der betreffenden Menschen selbst diesen außerirdischen Rassen an und haben eine menschliche Verkörperung gewählt, um ihr eigenes Volk bei ihren Forschungen zu unterstützen. Da im kollektiven Feld der Erde die Existenz außerirdischer Rassen weitestgehend negiert ist, haben diese Personen im Wachbewusstsein keinerlei Erinnerung mehr an ihre vorgeburtlichen Verbindungen, und so kommt es bei den ersten Kontakten zu Angst, Schrecken und Traumata. Eine der Herausforderungen auf der individuellen Ebene liegt dann in der Transformation der daraus resultierenden Angst- und Ohnmachtsgefühle, denn nur wer in sich derartige Frequenzen gespeichert hat und ausstrahlt, kann solche Erlebnisse anziehen.

Eine Schwierigkeit im Verständnis dieser Vorgänge liegt an der Bewusstseinsebene, in der sich die Ereignisse abspielen. Überwiegend finden die Kontakte in traumähnlicher Wahrnehmung statt, sie sind real, doch das Wachbewusstsein hat nur unzureichende Möglichkeiten, das Erlebte in bekannte Begriffe umzusetzen, so wie wir Schwierigkeiten haben, Traumerfahrungen im Wachzustand klar nachzuvollziehen. Die an den „Entführungen" beteiligten Rassen haben offensichtlich andere Wahrnehmungsarten als wir, und so ist der Umgang mit Menschen für sie ebenso schwierig und befremdlich wie umgekehrt für uns. Oft werden ihnen Gefühlsmangel und fehlendes Einfühlungsvermögen vorgeworfen, doch genau das scheint es auch zu sein, was sie von den Menschen lernen wollen. Wer sich über die scheinbare Kälte und Grausamkeit dieser Wesen aufregt, sollte sich daran erinnern, dass Gleiches nun mal Gleiches anzieht. Wenn man bedenkt, dass sich ihre Wahrnehmung in erster Linie nach den von uns ausgesandten Energiemustern richtet, darf man sich nicht wundern, wenn sie sich von dem kollektiven energetischen Feld der Erde angesprochen gefühlt haben, wo Liebe, Frieden, Freude und Mitgefühl ja nicht gerade in überwiegender Menge vorhanden sind. Es wird berichtet, dass sich in ihren Augen die Erde in einem ähnlichen Zustand befindet wie ihre Heimatplaneten, bevor dort die technische Entwicklung die ethische Evolution völlig überrollt hat. Da sie mittlerweile gesehen haben, dass technischer Fortschritt allein zur Degeneration der eigenen Rasse führt, erhoffen sie sich von dem Austausch mit der menschlichen Spezies neue Impulse zur Liebesfähigkeit. Hier wird uns doch ein deutlicher Spiegel für unsere weitere Entwicklung hingehalten, der eindringlich dazu ermahnt, die Werte der echten Menschlichkeit an die erste Stelle zu setzen.

Das Thema der sogenannten negativen Ufoseite erinnert daran, dass blinde Euphorie genauso unangemessen ist wie ungläubige Ablehnung oder Verteufelung der Außerirdischenthematik. Da wir im Spielraum der Dualität leben, ist nicht alles gut, was von außen kommt, und es ist auch nicht alles schlecht. Unsere eigene Ausrichtung bestimmt, welche Kontakte wir anziehen, das trifft auf Erdenbürger genauso zu wie auf Besucher von anderen Planeten. Wer lernt, sich selbst einzuschätzen und seine eigenen Schwächen und Qualitäten zu erkennen, wird auch mit Eigenverantwortlichkeit und Unterscheidungsvermögen an dieses Gebiet herangehen. Es gibt zahllose Planeten, die mit den unterschiedlichsten Zivilisationen bevölkert sind, und viele von ihnen haben die interstellare Raumfahrt entwickelt. Einige sind uns technisch überlegen, doch spirituell können sie vielleicht von uns noch lernen, darum sollten wir uns nicht blenden lassen. Andere sind auch auf spirituellem Gebiet der Masse der Menschen voraus, und dennoch haben sie nicht die Höhen erreicht, die sie zu unseren Meistern machen würden. Wir können von ihnen lernen, wie wir von jedem anderen Wesen in unserer Umgebung auch lernen können, doch sollten wir uns niemals von ihnen abhängig machen. Die wahren Meister im Christusbewusstsein appellieren immer zuerst an unser eigenes Höheres Selbst, denn der Funke des göttlichen ALLES-WAS-IST in unserem Innersten ist unsere Verbindung zur Quelle und unser Weg zu größerem Bewusstsein in Liebe, Weisheit und Kraft.

Die Zukunft der Erde

Immer wieder wird von den höheren Ebenen darauf hingewiesen, dass wir uns jetzt in einer besonderen Zeit befinden.
Nicht nur der Erde steht ein Wandel in ihren Schwingungs-
mustern bevor, unser gesamtes Sonnensystem rückt in den
Einflussbereich eines anderen Energiestrahls. Das Wesen,
aus dessen Bewusstsein sich unser Sonnensystem zusammensetzt, der Sonnenlogos, unterzieht sich dem Prozess einer Einweihung in höhere Energiefrequenzen, und so werden
alle in seinem Bewusstsein enthaltenen Planeten ebenfalls in
höhere Energiefrequenzen eingebettet. Die anderen Planeten
unseres Sonnensystems sind der Erde in ihrer Entwicklung voraus und darum auf dieses Ereignis ausreichend vorbereitet. Bei
uns jedoch war schon vor längerer Zeit abzusehen, dass die
spirituelle Evolution nicht in dem Maße voranschreitet, wie es
wünschenswert gewesen wäre, um einen friedlichen Übergang
in die neue Schwingungsfrequenz zu sichern. Darum wurden
auf den übergeordneten kosmischen Versammlungen Hilfspro-
gramme für die Erde aufgestellt, wie die Verkörperung großer
Wesenheiten und die konzentrierte Unterstützung durch außerirdische Rassen. Sowohl auf der sichtbaren als auch auf der
unsichtbaren Ebene befinden sich Unzählige von Helfern, die
der Erde eine sanfte Geburt in eine neue Phase des Seins ermöglichen wollen.

Der Prozess der Transformation hat bereits begonnen, und
je nachdem, ob man seine Wahrnehmung mehr in den alten
oder bereits überwiegend in den neuen Energiemustern verankert hat, sind die Anzeichen dieser Transformation mehr oder
weniger deutlich zu beobachten. Eine Veränderung macht sich

im Wechsel von linearen (nacheinander abfolgenden) zu parallelen (gleichzeitig stattfindenden) Prozessen bemerkbar. Nicht nur in der Chaosforschung, die Studien über die Entwicklung dynamischer Systeme betreibt, wird die Bedeutung analoger Vorgänge für das Leben nachdrücklich betont. Statt Eindrücke nacheinander zu verarbeiten, sind die Gehirne der jüngeren Generationen nach neueren Erkenntnissen immer stärker dazu angelegt, Sinneswahrnehmungen gleichzeitig aufzunehmen und umzusetzen. Das ist nicht einfach nur eine neue Veranlagung, sondern eine völlige andere Basisschaltung der Gehirnzellen: Die Menschen der neuen Generation brauchen den Kick aus simultanen Wahrnehmungen, sonst sind sie innerlich unterfordert und fangen an, sich zu langweilen, beziehungsweise sie verschaffen sich den entsprechenden Nervenkitzel selbst. So braucht es niemanden zu verwundern, warum Jugendliche die schnelle Abfolge von Bildern in Videoclips lieben oder so gerne Dinge gleichzeitig laufen haben (zum Beispiel Fernsehen schauen, in Comics lesen und dabei telefonieren), warum Computerspiele mit ihren ständig wechselnden Reizen und Herausforderungen so gefragt sind und warum extreme Sportarten wie Bungeespringen oder Snowsurfen zunehmen.

Auf der anderen Seite erschwert die parallele Verarbeitung im Gehirn die Aufnahme kontinuierlicher linearer Ereignisse, wie sie etwa ein langer Vortrag oder ein dickes Buch darstellen. Einige werden dies vielleicht als Degeneration auffassen und den Untergang unserer Zivilisation kommen sehen, doch wenn wir uns die Konstellationen des modernen Alltags auf der Erde vor Augen halten, wird schnell offensichtlich, dass die Parallelität der Vorgänge immer mehr zugenommen hat. Wer in Zukunft nicht in der Lage ist, verschiedene Ereignisse gleichzeitig wahrzunehmen und zu verarbeiten, ist den Anforderungen unserer Umwelt nicht mehr gewachsen. Schon jetzt hat die lineare Denkweise mehr „Fachidioten" herausgebildet, als für die Lösung der Herausforderungen unserer Zeit gut ist. Was unsere Erde in Zukunft braucht, sind Menschen, die eine umfassende Wahrnehmung haben und in ihren Arbeitsprozessen die unterschiedlichsten Aspekte gleichzeitig beachten können. Sicher ist die Konzentration auf ein spezielles Teilgebiet zur Bewältigung detaillierter Aufgaben notwendig, doch ist es wichtig, dabei den umgebenden Rahmen für dieses Teilstück nicht aus den Augen zu verlieren. Nur so kommen wir zu einer ganzheitlichen Handlungsweise, die auf der Basis der Einheit allen Lebens aufgebaut ist. Der Rückgang der linearen Denkweise bringt auch ein anderes Gefühl für den Ablauf der Zeit mit sich. Statt in Etappen wie Vergangenheit, Gegenwart, Zukunft zu denken, liegt die Betonung in einem großen JETZT. Die Aufmerksamkeit fokussiert sich auf den Augenblick, in dem wir gerade stehen, auf die Energiemuster, die wir durch unsere Gedanken, Gefühle und Handlungen jetzt ausstrahlen. Dadurch wird unser Vorgehen weniger von den Mustern der Vergangenheit oder den Erwartungen für die Zukunft geprägt, sondern entspricht besser den gegebenen Umständen in der Gegenwart: Angemessenes und verantwortliches Handeln bekommen stärkere Bedeutung, weil wir zu den Auswirkungen dieser Ereignisse einen direkteren Bezug entwickeln.

Parallele Wahrnehmung erfordert ein Ausbildungssystem mit neuen Ausrichtungen und geeigneteren Lernmethoden. Farben, Klänge, Bilder, also Anreize für die intuitive Gehirnhälfte, müssen bei einer ganzheitlichen Lernweise verstärkt in den Unterricht integriert werden. Kinder sind keine Neuanfänger.

Einige hatten vielleicht schon so viele Verkörperungen, dass sie manchen Erwachsenen in ihrer Entwicklung weit voraus sind und deshalb ganz individuelle Anforderungen brauchen, wie die anerkannten Wiedergeburten großer Lamas im Buddhismus sie bekommen. Andere Kinder kommen mit speziellen Vorhaben auf die Erde, und es wäre sehr effektiv, wenn sich ihre Ausbildung auf diese Vorhaben ausrichten würde. Ein starres System ohne freie Wahlmöglichkeit ist ein Gefängnis für konstruktive Kreativität. Jedes Wesen verspürt im Inneren den Impuls, etwas zu leisten, etwas zu erschaffen, doch dabei darf man die Begeisterung für das gewählte Objekt nicht durch äußeren Druck töten. Genormte Beurteilung nimmt der Kreativität und Lernfähigkeit ihre Flügel, wie jeder Pädagoge weiß. Das heutige Schulsystem ist in seiner Effektivität nur an der Wirtschaft ausgerichtet, und selbst da sind wir mittlerweile an die Grenzen gestoßen, wie die sich mehrende Arbeitslosigkeit der Akademiker zeigt. Die neuen Impulse, die zur Problemlösung in verfahrenen Situationen beitragen können, kommen nicht aus alten Schläuchen. Auch für die ganz materielle Seite des Lebens, das liebe Geld, braucht es neue Verfahrensweisen. In allen Religionen wird die Zinswirtschaft angeprangert, da sie nicht den göttlichen Gesetzen des ALLES-WAS-IST entspricht, denn das übermäßige Horten von Geld stoppt den Energiefluss, und Geld zu nehmen, ohne dafür eine andere Energieform im Austausch zu geben, schafft ein empfindliches energetisches Ungleichgewicht. Wenn es keinen Zins gäbe, hätten wir viel geringere Kosten, und es gäbe genügend Spielraum für ein würdiges Dasein aller Menschen. Wer heute noch sein Geld damit verdient, dass er die Leistung anderer Menschen ausbeutet, könnte schon bald unangenehme Überraschungen erleben, denn das kollektive energetische Feld der Erde ist nicht in der Lage, weiteres Ungleichgewicht zu verkraften. Was Zukunft hat, sind alle Bereiche, in denen ein konstruktiver, ganzheitlicher Umgang mit den vom göttlichen AL-LES-WAS-IST gegebenen Energien unterstützt wird.

New Age, das Neue Zeitalter, ist kein Trend oder ein neuer Absatzmarkt, sondern eine Tatsache, die sich auf alle Bereiche des Seins auswirken wird. In den feinstofflicheren Ebenen zählen Kommunikation und harmonischer Austausch zu wertvollen Gütern, und je mehr die Erde von den höherschwingenden Energiemustern erfasst wird, umso mehr werden auch wir unsere Bemühungen in diesen Sektor verlegen. Zusammenarbeit ist ein wichtiger Schlüssel zur Fülle, und auch die Lösung komplexer Aufgaben lässt sich leichter oder nur noch im Team erreichen. Die Weiße Bruderschaft und die weit expandierten Möglichkeiten der Föderation sind Beispiele für funktionstüchtige, konstruktiv wirkende Netzwerke. Der wichtigste Faktor dabei ist die Verständigung. Auf der Erde sind die Informations- und Kommunikationsbranchen beständig am Expandieren, mit jedem Jahr werden hier neue Fortschritte erzielt. Das kommt nicht von ungefähr, denn was in Übereinstimmung mit den kosmischen Abläufen geschieht, erfährt die inspirierende Unterstützung des ALLES-WAS-IST. Musik und Bilder sind universelle Medien zur Verständigung, weil sie Energieimpulse in konzentrierter Form transportieren können. Mikrochips und elektronische Geräte machen Klänge und Visionen möglich, die in viel größere Tiefen vordringen als bisher umzusetzen war. Musiker aller Bereiche bemühen sich um die Einbindung spiritueller Wahrheiten in ihre Stücke, denn durch musikalische Schwingungen werden Impulse verbreitet, die den Menschen in seinem Innersten berühren. Der Elektronikmusiker Mathias Grassow hat seine CD „Psychic Dome" Daskalos gewidmet, der Jazzer Büdi Siebert ließ sich von No-Eyes inspirieren, und Nina Hagen besingt ihre Liebe zu Babaji, um nur einige Beispiele allein aus Deutschland zu erwähnen.

Immer wieder wird in älteren Visionen davon berichtet, dass Meister orgelähnliche Instrumente ohne Pfeifen spielen, um die feinstofflichen Körper der Menschen zu inspirieren. Synthesizer kommen dieser Beschreibung sehr nahe, und nicht umsonst werden die darauf erzeugten Klänge gern als kosmisch bezeichnet. Auch in der darstellenden Kunst gibt es Anzeichen dafür, dass nicht nur depressive und pessimistische Objekte von der Fachwelt anerkannt werden, die unserer desolaten Umgebung entsprechen sollen. Künstler wie der Österreicher Friedrich Hundertwasser sehen in der Schönheit der Welt ihre Inspiration, und gerade er bemüht sich um die praktische Umsetzung einer menschenfreundlichen Umgebung, die für alle realisierbar ist, wie seine verwirklichten Architekturentwürfe zeigen. Im Computer generierte Bilder schaffen Welten, die jenseits unserer bekannten Naturgesetze funktionieren und bislang nur in Science Fiction Romanen so vollkommen zu erleben waren. Heute kommen in jedem zweiten Fernsehspot surreale Bezüge vor, die an Traumebenen erinnern: Personen verwandeln sich in Tiere und wieder zurück, übergroße Menschen überspringen Häuserblocks, Puppen werden lebendig, Haushaltsgeräte sprechen mit der Hausfrau, und immer öfter düsen Raumschiffe durchs Bild oder tauchen Engel in der Werbung auf. Das ist schon so normal geworden, dass gar nicht mehr auffällt, wie verrückt das vor dreißig Jahren noch gewesen wäre.

Allein an der rasenden Veränderung unserer alltäglichen Umgebung fällt die Verschiebung der Zeitqualität auf, Entwicklung vollzieht sich nicht mehr Schritt für Schritt, sondern potenziert sich. Computer tragen einen großen Anteil zu diesem Prozess bei, denn indem sie alle Ereignisse in ihre Grundbausteine der Dualität (0 und 1) zurückverfolgen, erlauben sie auch ganz neue Verbindungen und Erweiterungen. Menschenfreundliche Computer, die ihren Namen verdient haben und nicht nur bessere Schreibmaschinen sind, sprechen alle Sinne des Menschen an und werden zu umfassenden Werkzeugen. Wir stehen mit dieser Entwicklung noch am Anfang, und viele Menschen fürchten, dass der Computer sie eines Tages beherrschen könnte. Doch das könnten nur die Menschen, die den Computer als Machtinstrument missbrauchen wollen, denn der Computer ist immer nur ein Hilfsmittel, und es liegt in unserer Verantwortung, wie wir damit umgehen. Auch mit der Einführung der schriftlichen Aufzeichnungen gab es mehr Möglichkeiten zur Manipulation (weshalb in einigen Traditionen inneres Wissen bis heute nur mündlich weitergegeben werden darf), doch genauso mehr Chancen zur individuellen Bereicherung. Die elektronische Verarbeitung ist nur das Tor zu einer erweiterten Ausdrucksmöglichkeit von Energieimpulsen. Technologie und ein natürliches Leben müssen nicht zwangsläufig im Widerspruch zueinander stehen, denn wenn technische Entwicklung nicht dem Diktat der Wirtschaft, sondern dem Wohl des ALLES-WAS-IST verpflichtet ist, können ihre Errungenschaften viel zu einem bereicherten und erfüllteren Leben beitragen. Stumpfsinnige und monotone Arbeiten, die Menschen leer und unerfüllt zurücklassen, können besser von Maschinen übernommen werden. Genauso können unnötige Risiken durch perfektionierte Computersimulationen verringert werden. Die ersten dreidimensionalen Operationssimulatoren für Mediziner sind bereits erfolgreich im Einsatz, doch auch viel umfassendere Zusammenhänge können mit Hilfe leistungsstarker Elektronenrechner geübt werden.

Sanat Kumara berichtet durch Janet McClure, dass er seine Aufgabe als planetarischer Logos zunächst in Computersimulationen geübt hat. Die waren natürlich multidimensional angelegt und nicht nur auf einem kleinen Bildschirm abgebildet (etwa so wie auf dem Holodeck in „Raumschiff Enterprise Die nächste Generation"). Kleine Ansätze zu solchen logistischen Arbeiten gibt es in Form von Computerspielen, bei denen der Spieler von der Erschaffung der Erdoberfläche bis zur Infrastruktur und Energieauswahl über Jahrtausende den Aufbau einer Stadt simuliert. Der Computer steuert die Fluktuation der Einwohner, schreibt Tageszeitungen zur Meinungsbildung und berät in Form einer Stadtverwaltung. Wer hier die Interessen von Umwelt, Bürgern, Wirtschaft, Verkehr und Kultur nicht gleichzeitig im Auge behält, wird schnell von den Bewohnern seiner Stadt abgesetzt. In einigen Studiengängen ist dieses Spiel schon zum Pflichtprogramm geworden, denn Stadtplanung lässt sich so nun mal am effektivsten üben. Vielleicht haben einige Menschen auch solch eine Berührungsangst mit Computern, weil sie sich selbst viel zu sehr mit ihrem Verstand identifizieren und nun befürchten, dass die elektronischen Gehirne dem ihren überlegen sind und sie dadurch überflüssig oder überrollt werden. Wenn sich unsere Identität nicht mehr an die äußere Form des Körpers klammert, wird sich die Erkenntnis durchsetzen, dass unsere fleischliche Hülle auch nur eine Art Biocomputer für den Ausdruck des göttlichen Kerns in uns ist.

Wir sind mit allen unseren Schwierigkeiten nicht allein gelassen. Die Führung der Weißen Bruderschaft und die kosmische Leitung des ALLES-WAS-IST wirken auf uns ein und strecken beständig die helfende Hand aus. Die Verschmutzung der Umwelt und auch die Frage nach alternativen Energiequellen können mit der richtigen Anwendung der göttlichen Gestaltungsgesetze behoben werden, wie zahlreiche inspirierte Forschungen in dieser Richtung belegen. Reich und Tesla waren Wissenschaftler, die durch kosmische Unterstützung in völlig neue Wissenschaftsbereiche vorgestoßen sind. Reich konnte mit Hilfe seiner Orgonstrahler die energetischen Teilchen in der Atmosphäre beeinflussen und so das Klima verändern. Dürrekatastrophen sind vermeidbar. Tesla machte den Wechselstrom nutzbar und schaffte damit die Voraussetzungen für alle unsere technischen Errungenschaften. Er entwickelte drahtlose Übertragungsformen der Energie, so dass er Glühbirnen in seiner Hand ohne irgendeine elektrische Verbindung zum Leuchten bringen konnte, und er entdeckte, dass sich das planetare Energieliniengitter der Erde als natürlicher Verstärker nutzen lässt und so Übertragungen ohne Verlust in beliebiger Reichweite möglich sind. Einige Herren hatten Angst, dass sie durch seine Erfindungen brotlos werden könnten, und so ist viel von seiner Forschung aus dem Blickfeld der Öffentlichkeit verschwunden. Andere Projekte wurden von seinen außerirdischen Freunden gestoppt, weil die Menschheit in ihrer ethischen Entwicklung für diese Entdeckungen noch nicht reif gewesen ist. Heute soll Tesla seine Studien auf einem anderen Planeten fortführen.

Auch jetzt stehen genügend Wissenschaftler bereit, die im richtigen Moment weiterführende Technologien empfangen können, wenn das kollektive Massenbewusstsein der Erde bereit dafür ist. Für dieses Signal ist es nicht notwendig, dass sich die Mehrheit der Erdbevölkerung bewusst zu einer Anerkennung der Gesetze des göttlichen ALLES-WAS-IST bekennt, eine bestimmte kritische Masse von hoher spiritueller Energie reicht aus. Darum haben sich aus allen Teilen des Omniversums Wesen im Energiefeld der Erde eingefunden, die zur Erreichung der benötigten konstruktiven Energiemenge beitragen wollen. Und auch viele Menschen haben sich in langen Inkarnationsketten auf die heutige Zeit vorbereitet, um jetzt so in Übereinstimmung mit ihrem Höheren Selbst zu kommen, dass sie als Kanal für das Christusbewusstsein dienen können. Dadurch wird der Energiestrom dieser Bewusstseinsebene durch viele Menschen im energetischen Feld der Erde verankert, und der Planet kann ohne ein globales Drama in den neuen kosmischen Energiestrom tauchen. Doch ganz ohne einige Erschütterungen wird dieser Transformationsprozess nicht an uns vorübergehen: Zunehmende körperliche und emotionale Störungen sind das Resultat der lebenslangen Disharmonien in unseren inneren Körpern, die auf Grund der gestiegenen Anforderungen durch die erhöhten kosmischen Energiemuster nun endgültig sichtbar werden. Wer die Lektionen seines Lebens bislang nicht annehmen wollte, wird nun mit Nachdruck darauf hingewiesen, denn die vermehrte Lichtenergie bringt alle Schatten ans grelle Tageslicht. So werden die Nachrichten noch eine ganze Weile voll mit düsteren Neuigkeiten sein, an denen eigentlich nur neu ist, dass sie jetzt erst bekannt werden. Die Flammen von Kriegen und Abgrenzungen, Betrügereien und Machtmissbrauch, Hass und Gewalt haben immer gebrannt, doch nun sind sie auch auf der materiellen Ebene zu sichtbaren Feuern geworden. Es ist an der Zeit aufzuräumen, weil der Schmutz auf den feinstofflichen Ebenen die Atmungsporen der Erde verstopft hat. Die Energiezufuhr von den Abgesandten des göttlichen ALLES-WAS-IST hat in den astralen Bereichen der Erde ordentlich Staub aufgewirbelt, der nun in die materielle Welt hineinweht und den Menschen zeigt, was sie da über die Jahrtausende so alles an Energieformen produziert haben.

Das heranbrechende Kommunikationszeitalter bringt gerade für die Menschen der westlichen Welt neue Herausforderungen und Wachstumschancen mit sich. Die stark expandierende globale Vernetzung durch das Internet zum Beispiel ist eine materielle Ausdrucksform für die umfassenden Kommunikationsmöglichkeiten auf den ätherischen Ebenen. Der weltweite zeitgleiche Austausch von Gedanken und Informationen gibt einen Eindruck von den Bedingungen auf den feinstofflichen Ebenen, auf denen Ideen und Wissen in Form von Energiestrukturen allen Wesen zugänglich sind, die sich auf die entsprechende energetische Frequenz eingestimmt haben. Der Pool der vorhandenen energetischen Gedankenformen steht jedem, der durch die innere Ausrichtung auf ein bestimmtes Gebiet den erforderlich „Draht" aufgebaut hat, als Grundlage für seine eigene schöpferische Arbeit zur Verfügung, so ähnlich wie zum Beispiel im HipHop mit ausgewählten Teilen aus schon vorhandenen Songs neue musikalische Ideen umgesetzt werden.

Die neuen Technologien können in einem sehr viel umfassenderen Rahmen als bisher den Kontakt von Menschen auf verschiedenen Kontinenten fördern. Wer in seiner täglichen (elektronischen) Post mit Menschen aus Australien, Asien, Europa und Amerika in Berührung kommt, wird automatisch seinen Blickwinkel auf den ganzen Globus ausdehnen. So gibt es den deutschen Wissenschaftler, der durch das gemeinsame Forschungsprojekt mit dem russischen Kollegen über die „Datenautobahn" einen sehr persönlichen Kontakt aufgebaut hat, der sich durch die tägliche Kommunikation entwickelt hat. Räumliche Entfernungen verlieren an Bedeutung, stattdessen bringen geistige Übereinstimmungen die Menschen zueinander. Das Internet als parallel arbeitendes Verbindungsnetz spiegelt mit seinen Inhalten die ganze Palette des menschlichen Bewusstseins wider und jeder kann sich in dem Bereich einklinken, der auf seiner Wellenlänge (Schwingungsrate) liegt. Wie dieses Netz sich in der Zukunft weiterentwickelt, liegt, wie bei allen neuen Medien, in unserer Hand. In verschiedenen Berichten wird geschildert, dass auf anderen Planeten ein frei zugängliches globales Kommunikationssystem, das alle für die Bewohner relevanten Informationen jederzeit zur Verfügung stellt, eine Selbstverständlichkeit ist, so dass jeder gemäß den eigenen Neigungen und Rhythmen lernen kann.

Auch die moderne Arbeitsweise der westlichen Welt, die durch ihre strukturierte Organisation Effektivität und Konzentration fördert, kann dem inneren Wachstum dienen. Schließlich liegt der Sinn von Meditationsübungen nicht im selbstversunkenen Dahinträumen, sondern im Erwerb zielgerichteter Aufmerksamkeit; Entspannung schafft nur die Voraussetzung für eine gesteigerte innere Gewahrsamkeit, die das Wirken auf den feinstofflichen Ebenen begleitet. So ist das auf einen Punkt gerichtete Denken, um zum Beispiel die Lösung für ein praktisches Problem zu finden, eine gute Übung für die Erschaffung von Energieformen auf den feinstofflichen Ebenen, denn dabei kommt es unter anderem darauf an, nicht durch irgendwelche Ablenkungen den Fokus zu verlieren. Der Arbeitsalltag bringt für viele Menschen die Aufgaben mit sich, die sie für ihre Weiterentwicklung zu meistern haben, zumindest wenn die Tätigkeit in Übereinstimmung mit den Impulsen des Höheren Selbst ausgeübt wird. Woran es uns heute manchmal noch mangelt, ist die Integration der intuitiven Fähigkeiten in die Arbeitswelt, doch auch hier zeichnet sich ein Umbruch ab. Auch wenn Werte wie Kreativität und Flexibilität oft noch als Umschreibungen für die Anpassung an verschlechterte Arbeitsbedingungen herhalten müssen, werden eigenständiges

Mitdenken und die Entwicklung innovativer Ideen immer mehr unterstützt und gefordert. Zunehmend wird sich ein erfolgreiches Management durch den ganzheitlichen Zugang zum kreativen Potenzial aller Mitarbeiter auszeichnen. Für die Zukunft unserer Erde sind konstruktive Initiativen gefragt, die im Inneren nach bestem Wissen mit den Erfordernissen des göttlichen ALLES-WAS-IST abgestimmt sind.

Alles führt auf den Punkt zu, dass wir unsere eigene Schöpferkraft anerkennen und die bewusste Verantwortung dafür übernehmen. Statt weiter tumbe Marionetten der unterbewussten Impulse feinstofflicher Energien zu sein, ist es an der Zeit, die Fäden selbst in die Hand zu nehmen. Die Menschen sind laut der Bibel nach Gottes Ebenbild geschaffen, und damit ist sicher nicht gemeint, dass Gott wie ein alter Opa mit weißem Bart aussieht. Vielmehr hat uns das göttliche ALLES-WAS-IST mit der Gabe versehen, zu Mitschöpfern im Omniversum zu werden, und der lange Prozess der Verkörperung ist unsere Ausbildung zu diesem Ziel hin. Kleine Kinder sind glücklich, wenn sie zum ersten Mal merken, dass sie mithelfen können, wenn sie das Gefühl haben, anerkannt zu werden und einen sinnvollen Beitrag zum Ganzen leisten zu können. Genau dieses Glücksgefühl ist der Motor für die beständige Bewegung des Lebens. Es ist das Meer der Glückseligkeit, das sich durch das Tun in Harmonie und Gleichgewicht verströmt. Meister arbeiten nach unseren Begriffen Tag und Nacht, doch es ist nicht ermüdend für sie, da sich ihr Bewusstsein im Einklang mit dieser Glückseligkeit befindet und ihr Handeln ihnen Freude und Erfüllung bereitet. Das Nirvana ist kein lebloser Raum, in dem man in watteweiches Nichtstun versinkt. Es ist Lebendigkeit pur, befreit von den begrenzenden Schlacken der Disharmonie.

Ein Patentrezept dafür, wie dieser Zustand zu erreichen ist, gibt es aus menschlicher Perspektive nicht. Viele Wege führen nach Rom, und alle irgendwann ans Ziel. Nur ein Wesen mit erweitertem Bewusstsein hat den Überblick, was zurzeit für unsere Entwicklung am besten ist, und dieses Wesen ist für jeden von uns das Höhere Selbst. Die Weiße Bruderschaft und auch kosmische Wesenheiten wirken auf unser Höheres Selbst ein und erlauben uns dadurch Zugang zu ihrem Bewusstsein. Sie sind bemüht, uns mit hochfrequenten Energiemustern zu animieren, selbst solche Energiemuster zu produzieren, die uns in erweiterte Ebenen des Bewusstseins führen und uns aus der Bindung an niedere, disharmonische Zustände befreien. Je mehr wir ihr Dasein anerkennen, umso mehr können sie uns unterstützen. Manche Menschen warten darauf, dass ein Meister direkt in ihr Leben tritt und sie auffordert, sein persönlicher Schüler zu werden. Die Wahrscheinlichkeit eines solchen Falls ist sehr gering, da die Meister nur dann persönliche Schüler annehmen, wenn diese Menschen sich schon so weit entwickelt haben, dass sie für den nächsten Abschnitt ihrer Entwicklung auf die Unterweisung durch ein Meisterbewusstsein angewiesen sind. Der überwiegende Teil ihrer Belehrungen spielt sich ganz unspektakulär im Alltag ab, manchmal hat ein Meister einen geeigneten Kandidaten für Jahre in seiner Beobachtung, ohne dass diesem etwas davon auffällt. Helena Blavatsky rät: „Solange dich der Meister nicht aufruft, bei ihm zu sein, verweile bei der Menschheit und wirke selbstlos für ihren Fortschritt. Das allein kann wahre Befriedigung bringen." Das deckt sich im Kern mit den Lehren aller Meister, die in diesem Buch vorgestellt werden.

Mitunter ruft die Auswahl der Menschen, die für eine direkte Zusammenarbeit mit der Weißen Bruderschaft ausgesucht wurden, Verwunderung bei ihren Mitmenschen hervor. Da sind vielleicht deutliche Mängel zu erkennen, die der erwünschten Vollkommenheit des Projektes im Wege stehen. Da die Meister durch das Aurafeld eines Menschen ganz klar sehen können, wo jemand steht, haben sie stets ihre guten Gründe für ihre Entscheidung gehabt. Wenn etwas nicht so läuft, wie es geplant war, kann man das Scheitern des Vorhabens nicht der Weißen Bruderschaft in die Schuhe schieben. Zum einen hat jeder, der auf der Erde verkörpert ist, mit den Tücken des Morphogenetischen Feldes unseres Planeten zu ringen, egal wie weit sein Bewusstsein auch fortgeschritten sein mag. Fehlentscheidungen und Irrtümer sind auch bei den besten Absichten nicht auszuschließen, dazu ist die Umgebung eben einfach zu menschlich. Wer von einem irdischen Wesen jede Minute hundertprozentige Perfektion erwartet, hat sich selbst noch nicht darum bemüht, sonst wüsste er um die auftauchenden Schwierigkeiten. So nehmen denn die Meister bei ihren Aufgaben die Menschen zur Mithilfe, die gerade im Augenblick dafür am geeignetsten sind. Bei Beschwerden über die Unvollkommenheit eines menschlichen Mitarbeiters kann man sich also getrost an die eigene Nase fassen und sich fragen, warum man sich nicht selbst darum bemüht, ein vollkommenerer Ausdruck des göttlichen ALLES-WAS-IST zu werden. Wie es in einem Song von Michael Jackson so schön heißt: „Wenn du die Welt zu einem besseren Ort machen willst, schau dich selbst an und entscheide dich zu einer Veränderung." Denn den ersten bewussten Schritt macht jeder selbst, wie die Möwe Jonathan, die erkannte, dass Fressen und der Kampf ums Überleben doch nicht alles sein können. Sie glaubte daran, dass es sich mehr lohnt, an der Vervollkommnung der eigenen Fähigkeiten zu arbeiten, und so lernte sie, immer höher und besser zu fliegen, auch wenn sie von allen anderen als Spinner verlacht wurde. Schließlich traf sie durch ihre Flugkünste auf einen anderen Schwarm Möwen, der ihre Ideale teilte und dem Leben ganz neue Perspektiven abgewann. Die Entscheidung, zu der eigenen inneren Überzeugung auch unter schwierigsten Umständen zu stehen, hatte sich gelohnt. Jeder ist seines Glückes Schmied, und jede kleine Veränderung im Leben kann Großes bewirken.

Wichtiger als der Meister selbst ist die Wahrheit, die er vermittelt. Wahre Nachfolgerschaft besteht nicht in der Verehrung des Meisters, sondern in dem Nachleben der Wahrheit, bis man selbst zu dieser Wahrheit geworden ist, sie ganz in sein Sein aufgenommen hat. Durch den bewussten Gebrauch des Geistes wird es möglich, die Zusammenhänge des Lebens so verstehen zu lernen, dass wir in allen Situationen zu angemessenen Handlungen kommen und damit die eigene Energiestruktur in Einklang halten. Sind die eigenen Schwingungen in Harmonie und in Übereinstimmung, wird es einfacher, jeden Augenblick harmonisch auf das göttliche Gesetz des ALLES-WAS-IST zu reagieren, da die freie Bewegung der göttlichen Energie durch keine behindernden Gedanken und Emotionsmuster aufgehalten wird. Das führt zu einem Erleben in vollkommener Freiheit und Freude, denn die Übereinstimmung mit dem göttlichen Gesetz schafft automatisch Seligkeit, weil alles stimmig und rund ist. Die langsame Schwingungsrate der Erde gibt uns Gelegenheit, diesen Einklang zu üben, denn da sich unsere ausgesandten Energieimpulse nicht sofort manifestieren, gibt es die Möglichkeit der Korrektur. Auf höher schwingenden Ebenen läuft der Prozess der Formverdichtung von Energie viel schneller ab, so dass ein größeres Verantwortungsbewusstsein in der Ausstrahlung von Energieimpulsen nötig ist. Der Mensch erkennt durch Leiden, dass er eine disharmonische Energieform geschaffen hat, weil die meisten Erdenbewohner am leichtesten durch eigene Erfahrung lernen. Die Entwicklung von Bewusstheit gibt uns aber auch die Möglichkeit, ohne schmerzliche Erlebnisse, sondern durch Nachdenken zu neuen Erkenntnissen zu kommen, indem man von den inneren Gaben rechten Gebrauch macht und eine Verbindung zu den multidimensionalen Fähigkeiten des Höheren Selbst herstellt. Das Höhere Selbst ist nur in der Lage, auf Schwingungen zu reagieren, die mit seinem Wesenskern übereinstimmen. Darum ermöglichen nur schnellere Energiefrequenzen, die durch die Ausrichtung auf das Wohl aller geschaffen werden und zum Beispiel in der Liebe zum Leben in all seinen Formen zum Ausdruck kommen, den bewussten Kontakt zu den Ebenen des Nirvanas, „wo Milch und Honig fließen", sprich die göttliche Fülle des ALLES-WAS-IST offenbar wird.

Liebe zur gesamten Existenz ist darum der vorherrschende Wesenszug aller Freunde im Licht, und diese Liebe verbindet sie mit einem Zustand der Freiheit, der die Glückseligkeit des Lebens selbst in ihnen überfließen und jedes Wesen in seiner Strahlung an diesem Strom der Ekstase teilhaben lässt. Das ist die Zukunft, die das göttliche ALLES-WAS-IST für jeden Lebensstrom auf der Erde bereithält, und es liegt im Bereich unseres eigenen freien Willens, wann diese Zukunft für uns zur Gegenwart wird.

Nachwort

Es ist mir ein Bedürfnis, Ihnen, liebe Leserin und lieber Leser, zum Abschluss kurz zu erzählen, wie mir das Manuskript zu diesem Buch „zugefallen" ist, ein Zeichen dafür, wie wir liebevoll geführt werden, – zu unserem eigenen und zum Wohl des Ganzen.

Seit 1989 habe ich mit äußerstem persönlichen Einsatz versucht, meinen Verlag, den Smaragd Verlag, aufzubauen und die Bücher mit dem spirituellen Inhalt herauszubringen, die ich für wichtig halte. Nicht immer mit dem Erfolg, den ich mir gewünscht hatte.

Ein Beinbruch im vergangenen Jahr legte nicht nur mich selbst, sondern auch mein privates und berufliches Leben im wahrsten Sinne des Wortes „lahm". Eine Zeit lang verlor ich meine Ziele aus den Augen, war gewissermaßen orientierungslos.

In dieser Phase der Hilflosigkeit, ganz der Tarot-Karte „Der Gehängte" entsprechend, die ich vor diesem Ereignis „zufällig" gezogen hatte, ließ ich alles los, im Vertrauen darauf, dass sich der Sinn dieser Geschehnisse zeigen und sich alles zu meinem Besten fügen würde.

Vor einigen Monaten, nach dieser Zeit der kreativen Pause, entschloss ich mich dann, mit neuer Energie und neuem Schwung noch einmal zu starten. Aber dazu fehlten mir zwei Manuskripte für die Herbstproduktion, und so sandte ich die Bitte um Hilfe in den Kosmos.

Kurz darauf bekam ich über einen befreundeten Verlag das Manuskript zu diesem Buch. Es hatte dort seit Monaten geschlummert und durch eine Verwechslung nicht den Weg zu mir gefunden. Und das war gut so, denn in meiner damaligen Phase der Lethargie hätte ich der Autorin mit Sicherheit eine Absage geschickt.

Umso glücklicher bin ich jetzt über diese Entwicklung und umso dankbarer der Weißen Bruderschaft, der ich mich seit langem verbunden fühle.

So werden wir alle, um auf den Beginn dieser Zeilen zurückzukommen, liebevoll geleitet, wenn wir es zulassen!

In diesem Sinne grüße ich Sie herzlich!
Ihre

Mara Ordemann
Im August 1996

Liebe Freunde des Smaragd Verlags,

ungefähr zehn Jahre sind vergangen, seit Anna Amaryllis dieses wunderbare Buch „geschrieben" hat, und erst heute, in der Rückschau, wird mir klar, wie kostbar und mehr denn je aktuell diese Botschaften sind. Mehr noch, vieles, was damals vielleicht noch etwas unverständlich war, ist, zumindest für mich, heute leichter nachvollziehbar, weil der Schleier zwischen der Geistigen Welt und uns doch deutlich dünner geworden ist, was mich mit großer Freude erfüllt.

Und auch als ich das Nachwort las, wurde mein Herz ganz weit – vor Freude und Dankbarkeit, wie sich seitdem alles für uns zum Positiven entwickelt hat: Welche wunderbaren Bücher durften wir mit Hilfe ebenfalls wunderbarer Autorinnen und Autoren in dieser Zeit herausbringen – und welche wichtigen und interessanten Botschaften haben den Weg in schriftlicher Form zu uns gefunden!

Und das zeigt mir, dass meine Entscheidung damals, als Sprachrohr und Verbreitungsorgan für die Weiße Bruderschaft zu dienen, richtig gewesen ist. Es hat mir, aber auch und vor allem den Menschen, die, in welcher Form auch immer, mit diesen Büchern in Berührung gekommen sind, eine wundervolle Bereicherung meines bzw. ihres Lebens gebracht – denn: *Die Weiße Bruderschaft, Freunde im Licht* war der erste einer Vielzahl von Titeln, die seitdem bei uns in Zusammenarbeit mit der Geistigen Welt entstanden sind, und ist inzwischen ein „Klassiker" geworden.

Und so ist es seit damals, mit einigen Ausnahmen, stetig nach oben gegangen – vielleicht ein Symbol für den „Aufstieg", an dem wir ja alle gemeinsam arbeiten – Sie, liebe Leserinnen und Leser, die Autoren und Autorinnen und, nicht zuletzt, alle Mitarbeiterinnen und Mitarbeiter des Verlags.

Daher blicke ich guten Mutes, aber auch höchst gespannt, in die Zukunft , in der wir weiter Bücher machen werden – getreu nach unserem Motto:

Bücher mit dem Herzen zu machen – das liegt uns am Herzen!

In diesem Sinne wünsche ich Ihnen, liebe Freunde des Smaragd Verlages, alles, alles Liebe für Ihren Weg und Gottes Segen!

In herzlicher Verbundenheit

Ihre Mara Ordemann
Im Januar 2006

Nachrichten für die Neue Zeit

Liebe Leserinnen und Leser,

wir freuen uns, Ihnen einen neuen Service des Smaragd Verlags anbieten zu können:
Auf unserer Internetseite www.smaragd-verlag.de finden Sie *Nachrichten für die Neue Zeit*, die so wichtig sind, dass sie nicht warten können, bis ein neues Buch erscheint.

Dazu gehören:

- Gechannelte Texte aus der Geistigen Welt zu wichtigen Ereignissen oder Themen;
- Neue Begriffe, die als Folge von Durchsagen aus der Geistigen Welt für das Verständnis dessen, was zur Zeit geschieht, wichtig sind;
- Nachträge zum Lexikon für die Neue Zeit (1. Auflage erschienen im Juni 2005);
- Hinweise auf Meditationstermine;
- Hinweise auf Seminare und ihre Themen;
- Weitere wichtige Informationen für die Neue Zeit.

Diese Seite im Internet wird nach Bedarf regelmäßig aktualisiert.
Sollten Sie kein Internet haben, werden wir Ihnen gerne die Nachrichten per Fax oder per Post zukommen lassen.

Claire Avalon
Wesen und Wirken der Weißen Bruderschaft
128 Seiten, DIN A 5, Softcover, ISBN 3-926374-90-X

„Wie wir wurden, was wir sind –
Und wie wir werden dürfen, um zu sein."
Die Autorin vermittelt in einfacher und klarer Sprache den Aufbau der Großen Weißen Bruderschaft, einer rein geistigen Hierarchie für unsere Erde, und geht dabei weit zurück bis zu den Ursprüngen unseres Seins. Außerdem weisen die Aufgestiegenen Meister und Weltenlehrer, wie Jesus, Helios, Kuthumi, Maha Cohan, Maitreya, Sanat Kumara, anhand gechannelter Texte den Weg zurück ins Licht.

Patrizia Pfister
Das Regenbogenzeitalter – Die Menschheit erwacht
480 Seiten, Großformat, gebunden, mit Lesebändchen
ISBN 3-934254-94-2

Dieses Buch enthält eine Fülle brandneuer Informationen für das 21. Jahrhundert, die die Autorin durch die Vertreter und Lenker der 12 göttlichen Strahlen erhielt - (darunter El Morya, Lady Rowena, Serapis Bey, Hilarion, Mutter Maria, St. Germain, Maha Cohan, Sananda, Kuthumi), ebenso wie von Erzengel Michael, Metatron, KRYON u.a. zu den Vorgängen, die sich mit dem Begriff „Aufstieg" zusammenfassen lassen.
Dazu gehören hochinteressante Durchsagen zu den fünf neuen Chakren und viele praktische Übungen und Anleitungen, wie sich der Lichtkörperprozess aktiv unterstützen lässt. Das Regenbogenzeitalter ist ein Zeitalter der Farben und der Veränderung, das hier erstmalig detailliert beschrieben wird.
Dieses Buch richtet sich an jeden Menschen, der sich weiterentwickeln will.

Margit Steiner
Arbeit mit den Aufgestiegenen Meistern
Arbeitsbuch 2
128 Seiten, A 5, gebunden, mit Leseband
ISBN 3-938489-04-9

Hier stehen vor allem die Unterstützung der Erde bei der Transformation und die Integration der Energien in den physischen Körper im Vordergrund. Meister Kuthumi verbindet uns bereits im ersten Kapitel direkt mit der Erde und bringt uns so in Kontakt mit unseren eigenen Wurzeln. Durch Maria erfahren wir die Einheit und begegnen durch El Morya den Themen „Vertrauen", „Demut" und „Erfüllung des Göttlichen Willens."
Vywamus, ein Meister der direkten Transformation, und Lord Maitreya, Vermittler der Wahrheit durch die Liebe, unterstützen unser spirituelles Wachstum mit ihren liebevollen Energien. Victory schließlich verankert das, was wir erkennen durften, und die Energie von Meister Hilarion transportiert diese Verankerung in jede Zelle unseres Seins
Die Autorin führt uns sehr sanft durch Meditationen zu den einzelnen Meistern und regt durch die Übungsphasen einen dauerhaften Kontakt mit ihnen an.